DE PUBLICATIEFABRIEK

Van Ruud Abma verscheen eerder bij
Uitgeverij Vantilt:

Over de grenzen van disciplines
Plaatsbepaling van de sociale wetenschappen (2011)

RUUD ABMA

De publicatiefabriek

Over de betekenis van de affaire-Stapel

Uitgeverij Vantilt

Voor het schrijven van *De publicatiefabriek* ontving Ruud Abma een subsidie van het Fonds voor Bijzondere Journalistieke projecten (www.fondsbjp.nl)

© 2013 Ruud Abma, Nijmegen en Uitgeverij Vantilt, Nijmegen
ISBN 978 94 6004 124 2

Ontwerp: Mijke Wondergem, Baarn
Opmaak: Peter Tychon, Wijchen
Lithografie: Fred Vermaat (All-Print), Wijchen
Foto omslag: Bob Bronshoff / Hollandse Hoogte
Foto auteur: Godelieve Krekelberg, Nijmegen

Inhoud

Vooral waar het op zichzelf nobele beginsel meten is weten een monsterverbond aanging met schrik voor het inhoudelijke oordeel, heeft dit geleid tot de verheerlijking van het getal, en liefst het grote en groeiende. En wat niet telbaar is, telt niet. Het leidt ten diepste tot het overschaduwen van doel (kwaliteit) door middel (meting). Dit zijn natuurlijk zeer verraderlijke mechanismen, met een hoge kans op pervertering, zoals wij allen weten. Want onderzoekers moeten uiteraard wel productief zijn, maar niemand onder ons zal ook maar een moment staande houden dat iemand die dertig artikelen per jaar produceert daarom een betere onderzoeker, laat staan geleerde, is dan iemand met drie.

Frits van Oostrom, *Markt en ziel.* Jaarrede Koninklijke Nederlandse Academie van Wetenschappen, 21 mei 2007

Vooraf

De geschiedenis is bekend. Begin september 2011 bekent sociaalpsycholoog Diederik Stapel dat hij onderzoeksgegevens heeft verzonnen. De Universiteit van Tilburg openbaart de zaak en stelt hem direct op non-actief. Drie commissies, onder leiding van oud-KNAW-voorzitter Pim Levelt, gaan aan het werk om de aard en omvang van de fraude vast te stellen. Vanaf dat moment wordt Stapel in de publieke opinie hét symbool van fraude en bedrog. Samen met zijn collega Roos Vonk bepaalt hij ook het beeld van de sociale psychologie, een vak dat weinig substantieels te melden zou hebben en vooral zou grossieren in mediagenieke vondsten als 'vleeseters zijn hufters'.

Uit een interim-rapportage van de commissie-Levelt eind oktober 2011 blijkt dat Stapels fraude aanzienlijk is en tevens dat hij zijn coauteurs en andere collega's op grote schaal heeft misleid. Direct na de publicatie van het eindrapport van de commissie, eind november 2012, leest Stapel op tv een verklaring voor waarin hij spijt betuigt, maar en passant reclame maakt voor zijn boek *Ontsporing*, dat een autobiografisch relaas over zijn *Werdegang* bevat. Dit leidt tot een nieuwe golf van haatuitingen in de oude en nieuwe media.

Krijgt Stapel nu met *De publicatiefabriek* opnieuw een podium? Heeft hij niet al genoeg aandacht gehad? In dit boek gaat het niet om Stapel als persoon of als symbool, maar om Stapel als *symptoom*. Zowel in de aard van zijn werk als in de aard van zijn fraude komt een academische cultuur naar voren die uiterst problematisch is. Het is de cultuur waarin niet de inhoud van wetenschappelijke publicaties centraal staat, maar hun waarde als munteenheid – letterlijk, want strategisch gehanteerd, kunnen publicaties geld opleveren. Veel publiceren is goed en veel publiceren in toptijdschriften is beter. Stapel was doordrongen van dit credo en hij handelde ernaar, op een wijze die zelfs dit calculerende systeem te ver ging.

We kunnen Stapel zien als het symptoom van een uit zijn voegen barstende publicatiefabriek, maar het is natuurlijk gemakkelijker en veiliger om hem buiten de orde te verklaren, en het werk gewoon te laten doorgaan. De frauderende werknemer wordt ontslagen en verder is het *business as usual*. In dit geval is het anders gelopen: de fraude van deze werknemer van de publicatiefabriek raakte een open zenuw, allereerst in de sociale psychologie, maar in tweede instantie ook in het wetenschapsbedrijf als geheel. De fraude en ontmaskering van Diederik Stapel hebben een betekenis die verder strekt dan een toevallig bedrijfsongeval. Daarover gaat dit boek.

In hoofdstuk 1 – *Ontmaskering* – wordt gereconstrueerd hoe de fraude van Stapel werd ontdekt door drie jonge onderzoekers uit de groep van Stapel. In de media raakte de zaak vermengd met de publiciteit over het 'vleeshufters'-onderzoek van Roos Vonk, waarvoor Stapel de – verzonnen – data had aangeleverd. Hoofdstuk 2 – *Fraude* – belicht wat de fraude van Stapel precies inhield en hoe omvangrijk deze was. Wanneer zette Stapel de eerste stappen op dit pad en hoe ging het van kwaad tot erger? En hoe vaak komt fraude in de wetenschap voor? Hoofdstuk 3 – *Slodderwetenschap* – gaat over wetenschappelijke praktijken die 'op het randje' balanceren. De term 'slodderwetenschap' (Levelt) verwijst naar een onderzoekscultuur waarin het niet zo nauw wordt genomen met de principes van ordentelijk wetenschappelijk onderzoek. Welke voorbeelden daarvan kennen we uit de geschiedenis van de wetenschappen en hoe past Stapel daarin?

In de volgende drie hoofdstukken worden de drie achtereenvolgende werkomgevingen en daarmee ook de carrière van Stapel belicht. In hoofdstuk 4 – *Leerschool Amsterdam* – staat het karakter van de Amsterdamse sociale psychologie centraal in de tijd dat Stapel daar studeerde en aan zijn proefschrift werkte. Stapel had een sterke ambitie, gooide hoge ogen (tot uiting komend in diverse prijzen en subsidies) en werd gezien als een 'golden boy' tussen zijn generatiegenoten binnen de sociale psychologie. Voor de Groningse hoogleraar Bram Buunk waren dit redenen om Stapel, in 2000, naar Groningen te halen, de locatie van hoofdstuk 5 – *Scoren in Groningen*. Hij werd daar hoogleraar in de cognitieve sociale psychologie. In zijn oratie, op 11 september 2001, betitelde Stapel de sociale psychologie als 'koningin van de wetenschap' en hij haalde geheel in stijl ook majesteitelijke subsidies binnen. Binnenskamers ging het echter minder: zijn experimenten 'mislukten' en de publicatiestroom dreigde op te drogen. Toen zette hij – naar eigen zeggen – de eerste schreden op het pad der datafraude. Vanaf dat moment ging de publicatiefabriek weer draaien. In hoofdstuk 6 – *Over de Tiber* – wordt het succesverhaal vervolgd: in 2006 maakte Stapel de overstap naar Tilburg, waar hij hoogleraar consumentengedrag werd en directeur van Tiber, een instituut waarin psychologen en economen samenwerken. Met zijn grote hoeveelheid publicaties, verworven subsidies, projecten en promovendi wist hij in Tilburg een riante entree te regelen. Zijn frauduleuze praktijken zette hij in verhevigde mate voort. Tegelijkertijd keerde hij zich in de openbaarheid steeds nadrukkelijker tegen de publicatiedrift aan de universiteiten. Deze kritische houding belette hem niet om, in 2010, decaan van de faculteit sociale wetenschappen te worden. Daaraan kwam een abrupt einde toen hij eind augustus 2011 betrapt werd op fraude.

In hoofdstuk 7 – *Publicatiedrang* – wordt de claim van Stapel dat hij tot zijn frauduleus gedrag kwam als gevolg van de publicatiedruk aan de universiteiten tegen het licht gehouden. Hoe wordt academisch prestige tegenwoordig bepaald? Een belangrijke rol is daarbij weggelegd voor de gegevens uit de *Science Citation Index,* die het mogelijk maken een rangorde vast te stellen op basis van aantallen publicaties en citaties. De *sciëntometrie* bood aldus een instrument om reputaties te maken en te breken, allereerst door managers, maar later ook door wetenschappers zelf.

Hoofdstuk 8 – *Sociale psychologie als experiment* – belicht het vakgebied waar Stapel zijn reputatie verwierf: de experimentele sociale psychologie. Wat voor vak is dat eigenlijk en waarover werd en wordt gepubliceerd? In Nederland was de sociale psychologie tot in de jaren tachtig een vrij hybride onderzoeksterrein, waarop zowel sociologen als psychologen zich bewogen, maar vanaf de jaren zeventig sloten steeds meer psychologen zich aan bij de experimentele traditie uit de Verenigde Staten en gingen 'internationaal' publiceren. De sociale psychologie staat sinds Stapel en Vonk bekend als het vakgebied waarin 'van die malle experimentjes' worden uitgevoerd, maar is dat terecht?

In hoofdstuk 9 – *Beterschap* – worden de uiteenlopende reacties op de fraude van Stapel besproken en de voorgestelde remedies om wetenschappelijke integriteit te bevorderen. De voorgestelde maatregelen hebben deels het karakter van meer controle op en meer transparantie in de praktijken van wetenschappelijke onderzoekers. In andere maatregelen staat de bevordering van het ethisch handelen van wetenschappers centraal, onder andere door het beter bekendmaken van gedragscodes. Ten slotte worden er door methodologen allerlei voorstellen gedaan om het experimenteel onderzoek aan strengere regels te binden. Mijn conclusie is hier dat meer aandacht voor onderzoeksethiek alleen niet zal helpen. Meer controlemechanismen inbouwen brengt misschien enige verbetering, maar het vergroot ook de greep van de bureaucratie op het wetenschapsbedrijf.

In hoofdstuk 10 – *De lessen van Stapel* – wordt gepoogd enkele algemene conclusies te trekken. De affaire-Stapel toont hoe de kritische controle door vakgenoten in gebreke is gebleven, maar dat niet alleen. Ze toont ook hoe de werkelijkheid op twee manieren wordt vervormd. Allereerst geeft de experimentele sociale psychologie een beeld van de sociale werkelijkheid dat buiten de sociale psychologie zelf door slechts weinigen wordt herkend. Het lukt maar mondjesmaat om de resultaten ervan op plausibele wijze publiek te maken. Het vakgebied zou aan geloofwaardigheid winnen als het zich meer met de complexiteit van het sociale leven in natura zou bezighouden. Ten tweede brengt het huidige beoordelings- en bevorderingssysteem binnen de wetenschappen perverse prikkels met zich mee die bij wetenschappers calculerend gedrag bevorderen. De *Werdegang* van Stapel laat zien hoe het gedrag van wetenschappers door de werking van zo'n systeem uit de hand kan lopen.

Op 23 april 2013 ontvang ik een e-mail van Diederik Stapel. Via via heeft hij vernomen dat ik met een boek bezig ben over zijn fraude. Hij vraagt mij om hem een exemplaar toe te sturen. Hij heeft zich de afgelopen anderhalf jaar zeer verdiept in de achtergronden van zijn fraude en fraude in het algemeen. Hij hoopt uit mijn boek nieuwe inzichten op te doen. Uit het vervolg van de e-mail blijkt dat hij, behalve nieuwsgierig, ook bezorgd is over de wijze waarop ik hem zal karakteriseren.

In de daaropvolgende dagen wordt mij duidelijk dat Stapel op grotere schaal contact heeft gezocht met de wereld. Hij voerde gesprekken met diverse Nederlandse hoogleraren en met een journalist van *New York Times Magazine*. Op 26 april verschijnt in dat tijdschrift een groot interview, waarin behalve Stapel zelf ook zijn vrouw, zijn ouders, een oud-collega en een ex-promovenda aan het woord komen. Wat er in staat is niet nieuw. Het belangrijkste nieuwsfeit is *dat* hij dit interview heeft gegeven. Diederik Stapel is *back in town*. De maandag erna publiceert *de Volkskrant* het integrale interview, met een grote foto op de voorpagina. Op 1 mei 2013 meldt *Quote* dat Stapel terugkeert als coach en strategisch adviseur. Op zijn nieuwe website noemt hij als een van zijn kwaliteiten dat hij ervaringsdeskundige is.

Het is duidelijk: Stapel wil de regie voeren over de publiciteit rondom zijn persoon. Dat bleek al toen hij zich eind november 2012 op tv presenteerde met een verklaring naar aanleiding van het eindrapport van de commissie-Levelt, waarin hij nadrukkelijk melding maakte van de verschijning van zijn boek *Ontsporing*. Vrijwel iedereen zag dat als een smakeloze vorm van reclame, maar zelf schrijft hij in zijn e-mail aan mij dat hij het boek louter en alleen gepubliceerd had voor geïnteresseerden en geen extra aandacht had proberen te trekken met reclamecampagnes, interviews, optredens, posters en herkenbare foto's.

Opnieuw blijkt dat Stapel een aparte kijk op de wereld heeft. Het meest schrijnend vind ik zijn gebrek aan inlevingsvermogen ten opzichte van de collega's die hij met zijn fraude gedupeerd heeft: ook in het bovengenoemde interview gaat het vooral over hemzelf. De verslagenheid onder Nederlandse sociaalpsychologen als gevolg van zijn fraude is nog steeds groot. Dit boek zal hun waarschijnlijk geen troost bieden. Het werpt een kritische blik op hun vakgebied, maar aan hun integriteit twijfel ik niet. Stapel zelf heeft nog een lange weg te gaan.

De thema's in dit boek zijn evenzovele trending topics. Twitter is mij te kortademig, maar op de weblog http://depublicatiefabriek.blogspot.nl/ zal ik regelmatig de actuele stand van zaken en debatten met betrekking tot onderzoeks- en publicatieculturen in de sociale wetenschappen behandelen. Opmerkingen of aanvullingen kunt u sturen naar abmaruud@gmail.com.

Ruud Abma
Nijmegen, mei 2013

'Golden boy' van de psychologie blijkt een onderzoeksfraudeur

Psycholoog en bekend deskundige Diederik Stapel blijkt onderzoeken te hebben verzonnen. Zelfs zijn naaste collega had dat niet door. „De gedachte aan fraude is geen moment bij me opgekomen."

Door onze redacteur
BART FUNNEKOTTER

ROTTERDAM. Topwetenschap is topsport. Wie niet continu presteert, telt niet meer mee. *Publish or perish.* De Tilburgse hoogleraar cognitieve sociale psychologie Diederik Stapel speelde in de eredivisie. Daar deed hij alles voor. Toen hij in 2009 was genomineerd voor 'de Moderne man prijs' van het ministerie van Onderwijs, zei hij: „Ik werk ook vaak 's avonds en 's nachts en dat moet je maar willen en kunnen. Ik heb geleerd om op alle mogelijke momenten te werken. Nu denk ik eerder: oké, ik heb 20 minuten, laat ik nog even een paragraaf in elkaar draaien."

Gisteren werd duidelijk dat Stapels grote productie – in 2011 alleen al (co-)auteur van een boek, drie hoofdstukken in een boek en zeventien tijdschriftartikelen – deels is gebaseerd op gefingeerde onderzoeksgegevens. De universiteit van Tilburg heeft gisteren op non-actief gesteld en rector Philip Eijlander

Aldus **Diederik Stapel**

❝ In een rommelige omgeving zijn mensen eerder geneigd tot discriminatie. De wanorde zorgt voor een behoefte aan structuur en daardoor denken mensen meer in stereotypen. ❞

zegt dat Stapel niet meer terugkeert. Een commissie onder voorzitterschap van voormalig KNAW-president Pim Levelt zal de omvang van de fraude in kaart brengen.

Stapel (44) was de *golden boy* van zijn generatie psychologen. Hij studeerde cum laude af en promoveerde aan de Universiteit van Amsterdam, ook cum laude. Op 34-jarige leeftijd werd hij hoogleraar aan de Rijksuniversiteit Groningen en vijf jaar geleden werd hij in Tilburg benoemd als hoogleraar. Sinds vorig jaar was hij decaan van de Tilburg School of Social and Behavioral Sciences. Stapel was een graag geziene gast in de Verenigde Staten. Op de website van Yale staat een seminar van hem aangekondigd, op 16 september.

Dat zal waarschijnlijk niet doorgaan nu zijn carrière in duigen ligt. Volgens de Tilburgse rector Eijlan-

der gaat het bij Stapels misdragingen niet om het „hier en daar aanpassen van onwelgevallige data". De psycholoog heeft „op grote schaal gegevens verzonnen". „We vermoeden dat hij dit ook al deed vóór hij in Tilburg werkte. Ik heb mijn collega in Groningen daarvan op de hoogte gesteld."

Tien dagen geleden meldde een jonge wetenschapper uit Stapels groep zich bij Eijlander. Onderzoeksresultaten leken niet te reproduceren en bij navraag bleek dat Stapel regelmatig in zijn eentje onderzoek deed, terwijl zijn omgeving dacht dat hij daarin werd bijgestaan. Eijlander voerde een aantal gesprekken met Stapel. „Aanvankelijk gaf hij alleen toe dat er misschien wat mis was met zijn resultaten. Pas dinsdag biechtte hij de waarheid op."

Stapel publiceerde geregeld onderzoek dat het nieuws haalde en hij was op televisie te gast bij onder

Aldus **Diederik Stapel**

❝ Een vrouw die na het huwelijk de naam van haar echtgenoot overneemt, wordt beoordeeld als afhankelijker en minder intelligent dan een vrouw die haar meisjesnaam behoudt. ❞

meer de NRCV en MAX. Twee weken geleden zorgde hij voor ophef met het onderzoek dat hij samen deed met de hoogleraren Roos Vonk en Marcel Zeelenberg. Vleeseters waren, aldus het drietal, „egoïstischer" en „hufteriger" dan vegetariërs.

De claim kwam de onderzoekers op kritiek te staan; ze zouden niet onbevooroordeeld zijn. Vonk is voorzitter geweest van de Stichting Wakker Dier. Nu blijkt dat het onderzoek waarschijnlijk geheel verzonnen is. Vonk gaat in een verklaring op haar website diep door het stof. „Ik weet aannemen dat ook de 'vlees-data' berusten op fraude. Bij het bespreken van de resultaten vond ik het wel vreemd dat Diederik de naam van de assistent [die het onderzoek had gedaan] niet noemde, maar de gedachte aan fraude is geen moment in me opgekomen."

Vonk toont zich bezorgd over de reputatieschade voor de sociale psychologie. „Het is denkbaar dat een omvangrijke misstap van één enkele collega effecten heeft op de reputatie van ons gehele vakgebied." Ze is echter vooral verbijsterd over het gedrag van haar collega en vriend. „Diederik Stapel was een van de beste sociaalpsychologen van Europa. Dat uitgerekend hij dit gedaan heeft maakt het extra schokkend en laat zien hoe zeer ook wij als psychologen ons volstrekt kunnen vergissen in mensen."

Commentaar: pagina 2

STAPEL

TEVEEL VLEES
GEGETEN TIJDENS
ONDER-...ZOEK!

1 Ontmaskering

Op donderdag 25 augustus 2011 stuurde de afdeling pers en voorlichting van de Radboud Universiteit Nijmegen een persbericht de wereld in, met als strekking dat vlees het slechtste in mensen naar boven haalt – ze worden er 'hufteriger' van. Onderzoek van de universiteiten van Nijmegen en Tilburg had dat uitgewezen. Bedenkster van dit onderzoek was de Nijmeegse hoogleraar sociale psychologie Roos Vonk, tevens bekend als activiste ten behoeve van het dierenwelzijn. De uitvoering had ze overgelaten aan haar Tilburgse collega's Diederik Stapel en Marcel Zeelenberg, omdat die meer ervaring hadden met sociaalpsychologisch onderzoek naar ecologische vraagstukken.

Het onderzoek geschiedde niet door ondervraging van vleeseters en vegetariërs of door observatie van hun gedrag in het dagelijks leven, maar door experimenten met scholieren als proefpersonen. Uit eerder sociaalpsychologisch onderzoek was gebleken dat vlees onbewust wordt geassocieerd met stoerheid en zelfverzekerdheid. De gedachte was: wanneer je mensen in een experimentele situatie onzeker maakt, mag je verwachten dat ze dit zullen compenseren door voor iets stoers als vlees te kiezen, zelfs als ze niet in een restaurant zitten maar dit op papier doen, in een psychologisch laboratorium. Binnen de sociale psychologie kunnen resultaten uit dergelijk onderzoek geaccepteerd worden als bewijs voor de stelling dat vlees eten kan helpen om onzekerheid te bestrijden.

Uit een tweede experiment bleek dat scholieren die keken naar een plaatje waarop een biefstuk was afgebeeld vervolgens veel hoger scoorden op competitief en asociaal gedrag dan scholieren die naar een boom of een koe hadden gekeken. Voor Vonk vormde dit een spectaculair bewijs voor haar overtuiging dat vleeseters 'asociale lomperiken' zijn, een stelling die ze een jaar eerder in een opiniestuk in *de Volkskrant* had verkondigd.[1] Nu kon ze deze opinie opnieuw, maar ditmaal wetenschappelijk onderbouwd, onder de aandacht brengen. Ze zag deze nieuwe onderzoeksresultaten als 'munitie tegen de vleesindustrie'.[2]

Er was alleen één probleem: het onderzoek was nooit uitgevoerd. Collega Stapel had de gegevens en de analyses uit zijn duim gezogen. Op dezelfde dag dat het persbericht over de 'vleeshufters' verscheen, hadden in Tilburg drie jonge onderzoekers explosief materiaal overhandigd aan de voorzitter van het departement sociale psychologie, prof. dr. Marcel Zeelenberg. Daaruit zou blijken dat de begeleider van deze jonge onderzoekers, prof. dr. Diederik Stapel, tevens decaan van de Tilburgse faculteit sociale wetenschappen, meerdere malen onderzoeksgegevens had vervalst en verzonnen.

Een dag later, op de avond van 26 augustus 2011, probeerde Zeelenberg via een sms'je contact te krijgen met zijn collega en vriend Diederik Stapel: 'Kom je langs? Ik wil iets met je bespreken. Het is belangrijk.'[3] Stapel was met wat vrienden naar het voetballen: Willem 11 tegen mvv. Als lid van de raad van commissarissen van Willem 11 woonde hij de wedstrijden graag bij, zelfs als ze niet erg spectaculair waren. Het sms'je van Marcel had hij wel gezien, maar de wedstrijd ging voor. Gelukkig won de thuisclub, met 2-1. Na afloop las hij op zijn mobiel een nieuw bericht van Zeelenberg: 'Kom je nog?'

Het klonk dringend. Marcel had waarschijnlijk een probleem en wilde zijn advies, dacht Diederik, laat ik maar even bij hem langsgaan. Maar het ging niet om een probleem van Zeelenberg persoonlijk, zo bleek al snel: 'Diederik, ik moet het aan je vragen: heb je data gefaket?' Stapel ontkende. Als er rare patronen in enkele datamatrixen voorkwamen, was er waarschijnlijk een fout gemaakt. Voor alles zou heus wel een goede verklaring te geven zijn. En dat er geroddeld werd over resultaten die te mooi waren om waar te zijn, dat vond Stapel niet zo vreemd: 'Hoge bomen vangen nu eenmaal veel wind en er is veel jaloezie, haat en nijd in dit extreem competitieve vak.'

Stapel klonk heel zelfverzekerd, maar Zeelenberg was per saldo niet overtuigd. Het bewijsmateriaal was te sterk. De volgende ochtend nam hij contact op met Philip Eijlander, rector magnificus van de Tilburgse universiteit en de vertrouwenspersoon voor zaken betreffende wetenschappelijke integriteit. Eijlander stond op de tennisbaan, maar na het bericht van Zeelenberg kwam hij direct naar huis. Actie was geboden, vond ook hij, nadat Zeelenberg hem de documentatie van de drie klokkenluiders had laten zien. Hij moest met Stapel praten, datzelfde weekend nog. En zo ging Diederik Stapel op zondagmiddag naar het huis van de rector. Hij wist wat hem te wachten stond.

Paniek

Bij binnenkomst schoot Stapel direct in de overdrive. Druk begon hij te praten over zijn visie op de moderne universiteit en wat er met 'Tilburg' moest gebeuren om in de concurrentieslag tussen de universiteiten te overleven. Hij deed zijn uiterste best om zijn betrokkenheid en verantwoordelijkheidsgevoel te demonstreren. Eijlander liet hem eerst begaan, maar brak op een gegeven moment de woordenstroom af met de vraag of hij gefraudeerd had. Het leek erop alsof allerlei onderzoeken op middelbare scholen in werkelijkheid nooit hadden plaatsgevonden. Stapel ontkende bij hoog en bij laag dat hij iets misdaan had, en bleef praten, uitleggen en argumenteren. Eijlander zweeg. 'Vind je het geloofwaardig wat ik je allemaal vertel?' vroeg Stapel ten slotte. 'Eerlijk gezegd niet,' antwoordde de rector.[4]

De dag erna, maandag 29 augustus, sprak Eijlander met de drie klokkenluiders. Die gaven hem inzage in hun documentatie en analyses en legden uit wat ze gevonden hadden. Op dinsdag 30 augustus confronteerde Eijlander Stapel met de nauwkeurig gedocumenteerde beschuldigingen. Hij zou bij meerdere onderzoeken gegevens, zogenaamd verzameld op middelbare scholen, hebben gefingeerd. Opnieuw ontkende Stapel: die onderzoeken hadden écht plaatsgevonden. 'Goed, neem me dan maar mee naar die scholen,' zei Eijlander. Daarop reageerde Stapel afhoudend. Zo'n actie zou toekomstig onderzoek op die scholen in gevaar kunnen brengen. Ze gingen onverrichter zake uiteen.

Terwijl Eijlander zich bezon op verdere stappen, probeerde Stapel voor rugdekking te zorgen. Hij stapte in de auto en reed naar Zwolle.[5] Op de hogeschool daar had hij immers – zogenaamd – onderzoekjes gedaan naar verschillen tussen vegetariërs en vleeseters. Hij moest toch minstens een goed verhaal hebben over hoe het er daar uitzag en hoe alles in zijn werk was gegaan. Waren die studenten nog te vinden? Dat was eigenlijk onbegonnen werk. Vervolgens reed hij door naar Groningen. Ook daar zou hij respondenten hebben geworven, maar waar was nu precies de kantine waar hij zogenaamd studenten had geënquêteerd? Terugreizend naar Tilburg maakte hij een omweg langs Utrecht. Daar zou hij in de hal van het Centraal Station willekeurige treinreizigers aan een experiment hebben onderworpen over de relatie tussen een rommelige omgeving en stereotiep denken. Ook hierover moest hij een geloofwaardig verhaal kunnen ophangen, maar het werd hem al snel duidelijk dat de stationshal voor zo'n onderzoeksopzet totaal ongeschikt was.

Op donderdag 1 september 2011 werd Roos Vonk geïnterviewd voor het Vara-radioprogramma *De Gids*. Stapel was eerste keus geweest voor het interview, maar had zich ziek gemeld. Interviewer Menno Bentveld had zijn bedenkingen bij het onderzoek, vroeg zich af of je zo'n sterk causaal verband wel kon leggen. Maar Vonk beweerde dat het methodologisch allemaal heel goed in elkaar zat. 'Als een hoogleraar daar heel stellig in is, ga ik daar maar op af', aldus Bentveld.[6]

In het weekend had Stapel een familieweekend, in de buurt van het Belgische Gent.[7] Zijn ouders waren 55 jaar getrouwd en bovendien 80 geworden. Tijdens het weekend was hij stilletjes. Hij liet doorschemeren overwerkt te zijn. Hij kon hun op dat moment niet vertellen waarvan hij beschuldigd werd. Wel had hij zijn vrouw, Marcelle Hendrickx, in vertrouwen genomen. Hoe boos en geschrokken die ook was, ze reageerde professioneel en organiseerde direct juridische hulp. Ook nam ze een communicatieadviseur in de arm voor de publiciteit die onvermijdelijk zou volgen. Daarmee was de kogel door de kerk: op dinsdag 6 september bekende Stapel, in het bijzijn van zijn advocaat, aan Eijlander dat hij in meerdere van zijn onderzoeken fraude had gepleegd.

Stapel werd direct op non-actief gesteld en Eijlander gaf op woensdag 7 september een persverklaring. Daarin meldde hij dat Diederik Stapel, hoogleraar consumentengedrag en decaan van de Tilburg School of Social and Behavioral Sciences, op grote schaal gegevens had verzonnen. Een speciale commissie zou de precieze gang van zaken onderzoeken. Eijlander liet doorschemeren dat Stapel was ingestort: 'Hij is erg in verwarring, dit is ook een persoonlijk drama voor hem.' Wel had Stapel zich bereid verklaard om mee te werken aan het onderzoek van de commissie.

Schadebeperking

Voor de Universiteit van Tilburg was het een week van uitersten. Tijdens de opening van het academisch jaar op maandag 5 september moest Eijlander, zich welbewust van de donkere stapelwolken aan de horizon, in zijn jaarrede de positie van Tilburg University binnen de snel veranderende omgeving van het hoger onderwijs bespreken. Daarna werd in deze openbare plechtigheid de dissertatieprijs uitgereikt voor het beste proefschrift uit het academisch jaar 2010-2011. Er waren twee winnaars, en een daarvan was gepromoveerd bij Stapel: de Bulgaarse Yana Avramova, op het proefschrift *How the mind moods*. Hoewel haar promotor onder ernstige verdenking van fraude stond en hij niet wist in hoeverre dit proefschrift besmet was, kon Eijlander niet anders dan de prijsuitreiking laten doorgaan. In een interview voor de Tilburgse universiteitskrant *Univers* verklaarde Avramova: 'My supervisor Diederik Stapel was a constant source of inspiration and support. My thesis is, above all, the result of our good cooperation.' Niet lang daarna zou blijken dat deze samenwerking voor Avramova wrange vruchten had voortgebracht: alle bevindingen in dit proefschrift berustten op door Stapel gefingeerde gegevens.

Na de persconferentie doken de media op de affaire. 'Tilburg betrapt hoogleraar op fraude,' kopte *de Volkskrant* op 8 september, en NRC *Handelsblad* schreef op dezelfde dag: '"Golden boy" van de psychologie blijkt een onderzoeksfraudeur.' De associatie met de publicaties over het 'vleesonderzoek', nog geen twee weken eerder, was snel gelegd, om te beginnen door Roos Vonk zelf. Na de bekentenis van Stapel schreef ze op haar website: 'Ik moet aannemen dat ook de "vleesdata" berusten op fraude.' Ze gaf nu toe dat ze wel enige twijfels had gehad, maar de gedachte aan fraude was geen moment in haar opgekomen: 'als hoogleraren onder elkaar ga je elkaars data niet controleren'.[8] Vonk toonde zich bezorgd over de reputatieschade voor de sociale psychologie: 'Het is denkbaar dat deze omvangrijke misstap van één enkele collega effecten heeft op de reputatie van ons gehele vakgebied.'

Die zorg werd door andere psychologen gedeeld. Hoogleraren psychologie haastten zich om te verklaren dat fraude van een dergelijke omvang een uitzondering is. Ook Vonk distantieerde zich razendsnel van Stapel. 'Ik kende Stapel al zo lang, ging ieder

Willem Koops: Dat zelfs een uiterst creatieve en intelligente en van bestuurlijke macht voorziene hoogleraar als Diederik Stapel tegen de lamp liep, demonstreert mijns inziens hoeveel beter het gesteld is in de wetenschap dan in de 'gewone' wereld: de pakkans is naar mijn overtuiging in de wetenschap ongeveer 100 procent. Wetenschap is in alle opzichten gericht op transparantie en uiteindelijk kon zelfs Stapel daar niet tegenop.

Denise de Ridder: Deze treurige affaire is uniek, en er mogen niet zomaar conclusies worden getrokken over wetenschapsbeoefening in het algemeen. Toch zijn er mensen die in deze zaak aanleiding zien om de wetenschap ter verantwoording te roepen. Waar rook is, is vuur, denken ze. En als er eentje zo enorm in de fout gaat, dan moeten er wel meer zijn die een beetje in de fout gaan. Die mensen die zo redeneren, hebben ongelijk. [...] Dat betekent niet dat deze onderzoekers geen fouten kunnen maken. Maar gelukkig bestaat er in de wetenschap – anders dan in veel andere beroepsgroepen – een uitgebreid systeem van checks en balances dat wetenschappers die al te enthousiast met hun data omgaan (te goeder trouw of niet), behoedt voor fouten.

Tom ter Bogt: Wetenschappers controleren elkaar voortdurend. Het peerreviewsysteem is een fundamentele check. Daarnaast werk je bijna altijd in teams waarin je elkaar becommentarieert en controleert. Daar zit al een enorme rem op fraude. Stapel is door iemand binnen de eigen groep ontdekt, een jongere medewerker nog wel, die ook zijn eigen carrière op het spel zet. Dat tekent de eerlijkheid die heerst in de wetenschap.

Uitspraken van Utrechtse hoogleraren in DUB (Digitaal Universiteitsblad Universiteit Utrecht) 14 september 2011

jaar met hem eten. Hij had wel een groot ego, maar dat je data zit te verzínnen, ik ben gewoon helemaal niet op de gedachte gekomen. Ik vond een paar dingen wel raar, maar je maakt die stap niet in je hoofd.'[9] Vonk kreeg de onderzoeksresultaten bijvoorbeeld verrassend snel, 'zes weken na het eerste overleg kreeg ze al de kant-en-klare onderzoeksresultaten gepresenteerd door Stapel'.[10]

Het onderzoek zou zijn uitgevoerd door een assistent van Stapel. 'Bij het bespreken van de resultaten vond ik het wel vreemd dat Diederik de naam van de assistent niet noemde, maar de

Prof.dr. Roos Vonk

gedachte aan fraude is geen moment in me opgekomen.'[11] Ook had Vonk haar twijfels over één resultaat. Ze stuurde er een mailtje over, kreeg een onbevredigend antwoord, maar ging vrolijk verder, in de gedachte: 'Als we er een artikel over gaan schrijven, ga ik die data zelf nog wel een keer analyseren, dan weet ik het. Maar nu was het alleen maar voor een persbericht.' Ze vond dat ze zichzelf niets te verwijten had.[12]

Vonk: 'Het onderzoek was helemaal niet wat ik in mijn hoofd had. Maar de resultaten waren spectaculair. De proefpersonen die over onzekerheid hadden gelezen, kozen twee keer zo vaak vlees, en degenen die naar de biefstuk hadden gekeken, scoorden flink hoger op hufterigheid. [...] Ik weet nog wel dat ik dacht: zo had ik het zelf nooit aangepakt. Ik snapte ook niet hoe die effecten zo sterk konden zijn. Ik ben een intuïtieve wetenschapper, niet een analytische, en normaal zou ik hebben gezegd: "Joh, Diederik, ik voel het niet helemaal na. Kun je mij de materialen en de data sturen?" Dat deed ik niet. Ik denk dat de activist in mij het overnam.'[13] En verder speelde er zoiets als *diffusion of responsibility:* 'Diederik stuurde data en Marcel dacht: Roos kijkt er wel naar. Ik dacht: Marcel kijkt er wel naar. Zo ging het fout.'[14]

De experimenten[15]

Er waren twee verschillende experimenten gedaan, met als basis zogenaamde *priming*-taken: proefpersonen worden via een opdracht in een bepaalde stemming gebracht, waarna ze een tweede opdracht moeten uitvoeren waarmee de eigenlijke hypothese wordt getoetst.

In het eerste experiment werd de groep proefpersonen in tweeën gesplitst, waarbij een van de twee subgroepen 'onzeker' werd gemaakt: ze moesten een krantenartikel lezen over de economische crisis (de andere groep las een neutraal artikel over het ontstaan van waterdruppels). Vervolgens moesten alle deelnemers kiezen uit drie menu's: (1) biefstuk met aardappelen, bospeen, erwten en champignons, (2) krieltjes in kruidenroomsaus met courgette-omelet en (3) sesamvis met spruitjes en krieltjes. Wat bleek? De onzeker gemaakte mensen kozen vaker biefstuk dan de controlegroep. Wat was het veronderstelde mechanisme? Ze kiezen voor vlees ter bestrijding van hun onzekerheid, aldus het persbericht.

In het tweede experiment werd een verzameling scholieren in drie groepen verdeeld. Iedere groep kreeg een plaatje te zien waar ze aandachtig naar moesten kijken, met respectievelijk een boom, een koe of een biefstukje. Vervolgens moesten ze een paar korte vragenlijsten invullen waarmee gemeten kan worden hoe sociaal, competitief en individualistisch iemand is. De hypothese was dat mensen die naar een biefstukje kijken asocialer, competitiever en individualistischer zullen scoren dan mensen die kijken naar een boom. Uit eerder sociaalpsychologisch onderzoek was namelijk gebleken dat vlees geassocieerd wordt met 'stoer', 'mannelijk' en 'agressief'. Ook in dit experiment werd de hypothese voluit bevestigd.

Maar Vonk kon het ook niet laten om na het bekend worden van de affaire in een radio-uitzending herinneringen op te halen aan de promotie van Stapel in 1997, waar een opponerende hoogleraar zei: 'Het lijkt wel of u met een toverstokje data heeft verzameld, zo mooi zijn de resultaten.'[16] Ook toen koesterde Vonk, die lid was van de promotiecommissie en het proefschrift beoordeeld had, geen verdenking dat Stapel zich in wetenschappelijk opzicht misdragen zou hebben. Maar nu gaf ze openlijk toe dat Stapel haar had bedrogen.

De commissie-Levelt

Op vrijdag 9 september 2011 stelde de Universiteit van Tilburg een commissie in onder leiding van oud-KNAW-voorzitter Pim Levelt, om de fraude van Stapel verder te onderzoeken. Stapel had weliswaar bekend en ook toegezegd op zijn publicatielijst aan te vinken welke publicaties naar zijn herinnering op gefingeerde gegevens berustten, maar de Universiteit van Tilburg vond dat de fraude nauwkeurig en juridisch waterdicht moest worden vastgesteld. Besloten werd alle publicaties van Stapel onder het vergrootglas te leggen, ook de publicaties uit zijn eerdere werkkringen: de Universiteit van Amsterdam (1993-1999) en de Rijksuniversiteit Groningen (2000-2006). Zo werden in totaal drie commissies ingesteld, onder coördinatie van de commissie-Levelt.

Bij aanvang meldden de commissies dat ze ongeveer 130 artikelen en 24 boekhoofdstukken zouden onderzoeken. Ze gaven daarbij voorrang aan de artikelen die ook onderdeel uitmaakten van de achttien proefschriften waarvoor Stapel als begeleider en promotor fungeerde. Vrijwel al deze proefschriften waren bundelingen van in Engelstalige tijdschriften gepubliceerde artikelen die de promovendus of promovenda, vaak samen met de promotor, had geschreven. Als hier ook sprake was geweest van gegevensvervalsing, dan stond ook de reputatie van deze onderzoekers op het spel. Als zij hier echter part noch deel aan hadden, moest dit zo spoedig mogelijk publiek gemaakt worden, om verdere reputatieschade voor hen te voorkomen.

Het onderzoek van de commissies had een unieke opzet: *alle* publicaties waarbij Diederik Stapel als auteur betrokken was, zouden grondig worden nagevlooid, niet alleen de publicaties waarvan de klokkenluiders hadden aangetoond dat er iets mis mee was. Dat navlooien was geen eenvoudige klus. Een wetenschappelijk artikel is het eindproduct van een uitgebreid traject, dat idealiter begint met een onderzoeksvraag, een of meer hypothesen, een onderzoeksopzet, dataverzameling, data-analyse en ten slotte de verwerking ervan tot een of meer publicaties. In alle fasen kan frauduleus gehandeld worden. Om juridisch waterdicht te kunnen vaststellen of een publicatie berust op frauduleuze gegevens en/of analyses, is het nodig om te beschikken over de onderzoeksgegevens die aan de artikelen ten grondslag liggen, alsook de vragenlijsten, hypothesen en

De onderzoekscommissies[17]

De commissie-Levelt bestond, buiten de naamgever van de commissie, uit de hoogleraar straf-, strafprocesrecht en victimologie Marc Groenhuijsen en de emeritus-hoogleraar methoden en technieken van sociaalwetenschappelijk onderzoek Jacques Hagenaars.

De Groningse commissie, ingesteld op 12 oktober 2011, stond onder leiding van de theoloog Ed Noort (tevens voorzitter van de commissie wetenschappelijke integriteit van de Rijksuniversiteit Groningen) en bestond verder uit de hoogleraar integrale rechtsbeoefening Herman Bröring (Rijksuniversiteit Groningen) en de psychologiehoogleraar Jules Pieters (UT).

De Amsterdamse commissie stond onder leiding van de psycholoog Pieter Drenth, die net als Levelt oud-KNAW-voorzitter is. De andere leden waren de rechtswetenschapper Jaap Zwemmer, de emeritus-hoogleraar planologie Len de Klerk en de hoogleraar mathematische statistiek Chris Klaassen.

De drie commissies hadden aparte, maar gelijksoortige onderzoeksopdrachten en voerden nauw overleg, onder coördinatie van de commissie-Levelt.

De commissies hadden als opdracht onderzoek te doen naar de aard, omvang en duur van de door Stapel gepleegde fraude. Ook moesten ze rapporteren over de onderzoekscultuur die deze fraude had mogelijk gemaakt. Het werk van de commissies werd ondersteund door teams van statistici.

mailwisselingen, uiteraard voor zover beschikbaar. Dat maakt het mogelijk te reconstrueren hoe het uiteindelijke artikel tot stand is gekomen, en op welke plaatsen en manieren gezondigd is tegen de regels van wetenschappelijke integriteit.

Een kwestie die direct op tafel kwam is: hoe heeft Stapel zijn fraude zo langdurig en zo uitgebreid kunnen volhouden? Hebben collega's en coauteurs niets in de gaten gehad? En als dat zo is: hoe is dat mogelijk geweest? Om dit te achterhalen was het ook nodig de 'sociale' kant van het publicatietraject in kaart te brengen: de manier waarop de publicaties van Stapel en zijn coauteurs gegenereerd waren en de ruimte die de onderzoekers hadden gehad om 'flexibel' met gegevens, onderzoeksmethoden en statistische analyses om te gaan. Daaruit kwam de tweede taak van de commissies voort. Het voeren van gesprekken met coauteurs, (voormalige) promovendi, collega's en bestuurders diende niet alleen om ongerijmdheden in de gepubliceerde onderzoeken te helpen ophelderen, maar ook om zicht te krijgen op de onderzoekscultuur waarin de fraude zich had afgespeeld en de strategieën waarvan Stapel zich had bediend om zijn fraude te maskeren.

Gelukt?!

Voor het oog van de natie had Roos Vonk al een duidelijk beeld van deze onderzoekscultuur gegeven. Op 12 september 2011 was ze ingegaan op de uitnodiging van *Pauw & Witteman* om haar kant van het verhaal te vertellen. Ja, ze was voorbarig geweest met het uitsturen van het persbericht, maar ze was gewoon erg blij geweest dat het onderzoek zo goed 'gelukt' was. 'Is dat de kern van de sociale psychologie?' vroeg Pauw, 'dat je een verwachting hebt en dat je dan eigenlijk hoopt dat je een onderzoek kunt vinden dat die verwachting ook bevestigt?' 'Ja túúrlijk,' antwoordde Vonk, 'dat is altijd zo.' Pas als je op onverwachte uitkomsten stuit, ga je de zaak controleren: 'Als je resultaten afwijken van wat je had verwacht op grond van theorie en eerder onderzoek, dan is het altijd zo dat je daar teleurgesteld over bent. Dan moeten we nog eens goed kijken of we dat wel goed gedaan hebben.'

Het optreden van Vonk was om meerdere redenen opmerkelijk. Allereerst had de Radboud Universiteit Nijmegen, na de uitlating van Vonk dat de 'vleesdata' mogelijk frauduleus waren, de commissie wetenschappelijke integriteit aan het werk gezet (zie kader). Zolang deze aan het werk was, zouden in de pers geen mededelingen worden gedaan. Vonk doorbrak deze radiostilte, omdat ze graag haar kant van de zaak wilde uitleggen. Ze had daar ook een zakelijk belang bij: naast haar (parttime) werk als hoogleraar exploiteerde ze sinds 2003 het bureau Vonk Zelfbepaling voor lezingen, advisering, coaching en training. De publieke associatie met Stapel zou haar en haar onderneming danig schade kunnen berokkenen.

Een tweede opmerkelijk aspect van Vonks optreden bij *Pauw &*
Witteman was haar typering van wetenschappelijk onderzoek
in de sociale psychologie: pas als een experiment 'mislukt', dat
wil zeggen: als de resultaten afwijken van wat je verwacht hebt,
ga je kritisch kijken naar je werkwijze en analyse. En als een experiment 'lukt', doe je daar verder niet moeilijk over. Dan ben
je gewoon blij met het empirische bewijs dat je vooronderstelling klopt.

Het kwam Vonk te staan op een pinnige brief van de wetenschapsjournalist en psycholoog dr. Iris Dijkstra, die vond dat
Vonk met deze uitlatingen de hele wetenschap en in het bijzonder de sociale psychologie in diskrediet bracht.[18] Je moet niet
zoeken naar bevestiging maar naar weerlegging van je hypothese, alleen dan help je de wetenschap verder. Dat weet iedere
eerstejaars psychologiestudent, aldus Dijkstra, maar Vonk kennelijk niet. De neiging om liever naar bewijs vóór je stelling te
zoeken dan naar bewijs tégen je stelling, de zogenaamde *confirmatiebias,* is echter wijdverbreid, zoals we in het vervolg van dit
boek zullen zien.

Als confirmatiebias leidt tot de neiging om niet te willen
luisteren naar kritiek, wordt een cruciale grens overschreden.
En dat deed Vonk. Naar aanleiding van het persbericht over
het 'vleesonderzoek' vroeg de wiskundige en internetpublicist
Jan van Rongen bij de auteurs nadere gegevens over het onderzoek op. Hij kreeg enkele A4'tjes over opzet en resultaten van
het onderzoek toegezonden.[19] Na bestudering daarvan stuurde
hij, al op 2 september 2011, een rapportje naar Vonk, Stapel en
Zeelenberg waaruit bleek dat er flink wat fout was met hun onderzoek: 'Er werden statistische toetsen gebruikt die te roos-
kleurige resultaten gaven en er zaten in de opzet van het tweede
experiment twee fundamentele fouten. Dat had al genoeg moeten zijn om vraagtekens te zetten bij de resultaten. Maar door
de gefraudeerde cijfers waren er meer punten die niet deugden.
Vier gepresenteerde bevindingen waren rekenkundig onmogelijk en drie standaardafwijkingen waren veel te groot en daarom
ook mathematisch onmogelijk. Vooral de te grote standaardafwijkingen had Vonk moeten zien, want die hoorden bij een
in de psychologie zeer gebruikelijke toets en daarbij zijn zulke
grote afwijkingen onmogelijk.'[20]

Van Rongen was niet de enige. Wetenschapsredacteuren zoals Ellen de Bruin (NRC Handelsblad) en Maarten Keulemans (de Volkskrant) die het onderzoeksrapport opvroegen, vonden de onderzoeksmethode discutabel en de resultaten 'wel heel erg in Vonks straatje'. Dat ze niet over het onderzoek publiceerden, had echter ook een formele reden: het onderzoek was nog niet gepubliceerd in een wetenschappelijk tijdschrift en had ook niet de gebruikelijke route van beoordeling door vakgenoten (peer review) doorlopen. In zo'n geval is een publicatie in de krant over het onderzoek uitgesloten. Ook andere journalisten stelden kritische vragen. Vonk reageerde daar vinnig op: 'we [Vonk, Stapel en Zeelenberg, RA] zijn alle drie ervaren onderzoekers en hoogleraren met een uitmuntend track record op het gebied van onderzoek en wetenschappelijke integriteit'. Op haar website schreef Vonk: 'Altijd als de resultaten van een onderzoek mensen niet bevallen, gaan ze heel kritisch vragen over methode, analyse, steekproef, opzet. Wat betreft ons vleesonderzoek is dat dik in orde. We hebben voor elke conclusie drie experimenten, gedaan door drie ervaren onderzoekers.'[21]

Toch had Vonk kunnen zien dat er van alles niet klopte aan het materiaal dat ze van Stapel had gekregen, aldus Van Rongen. In de tabellen met percentages stonden bijvoorbeeld cijfers die bij het genoemde aantal proefpersonen niet konden kloppen. Ook vroeg hij zich af of je bij deze opzet wel causale verbanden kon aantonen. Vonk: 'Mijn eerste reactie was: hij snapt er helemaal niets van. We hadden een experimentele methode gebruikt omdat je daarmee een causaal verband kunt aantonen. Tussen al die andere mails heb ik de rest toen niet meer goed gelezen.'[22]

Berispt
Of dit alles ook aan de orde is geweest in de ethische commissie van de RUN, weten we niet: het rapport van de commissie werd niet openbaar gemaakt, omdat de richtlijnen van de RUN dat nu eenmaal niet toestaan. Op 22 november 2011 liet de RUN een persbericht uitgaan waarin zij bekendmaakte dat zij hoogleraar sociale psychologie Roos Vonk een officiële berisping gaf, omdat zij 'onzorgvuldig professioneel gehandeld' had bij een wetenschappelijk onderzoek naar de psychologische effecten van het denken aan vlees: 'Met het uitbrengen van het persbericht heeft Vonk de wetenschap, de sociale psychologie en de Radboud Universiteit in diskrediet gebracht. Dat rekenen we haar aan.'

Voorop staat echter dat Vonk geen fraude heeft gepleegd. Haar bemoeienis met de opzet en uitvoering van het onderzoek was zeer gering. Door als coauteur (medeonderzoeker) en woordvoerder naar buiten te treden heeft zij de medeverantwoordelijkheid voor het onderzoek aanvaard.

Op drie punten heeft Vonk onprofessioneel gehandeld, aldus de RUN. Allereerst heeft zij voorbarig conclusies verbonden aan onderzoeksgegevens die ze niet zelf had verzameld en ook niet gecontroleerd. Deze conclusies werden bovendien prematuur naar buiten gebracht in een persbericht van de universiteit. Ten tweede voldeed de opzet van het 'vleesonderzoek' onvoldoende aan wetenschappelijke normen (meer details hierover vermeldt het persbericht niet). Ten slotte had Vonk, gelet op haar positie in de discussie over de vee-industrie (bio-industrie), extra kritisch moeten zijn op haar eigen werkwijze, aldus het College van Bestuur. Het College meldt dat Vonk overigens een goede staat van dienst heeft op het terrein van onderwijs en onderzoek, en dat er bij haar geen sprake was van willens en wetens onzorgvuldig professioneel handelen. Ze had zich eenvoudigweg niet gerealiseerd dat ze zo'n persbericht nog niet mocht doen uitgaan.

In een reactie op de website van de RUN beaamde Vonk dezelfde dag dat het 'onzorgvuldig en onprofessioneel was' om de resultaten zo snel naar buiten te brengen. Het was 'een blunder'. 'De resultaten die ik te zien kreeg, leken heel duidelijk en waren in lijn met wat we hadden verwacht op grond van eerder, buitenlands onderzoek. In mijn enthousiasme hierover en mijn vertrouwen op een gerenommeerde collega [Stapel, RA] heb ik geen seconde getwijfeld aan de betrouwbaarheid en me laten verleiden tot het naar buiten brengen van voorbarige conclusies.' En ze voegde eraan toe: 'Ik heb moeite met sommige conclusies van de commissie, maar verder gekissebis daarover is niet productief. Ik ben blij dat de commissie en het CvB geen twijfels hebben geuit aan mijn intenties. Ik heb veel geleerd van deze ervaring. Ik heb mijn eigen "menselijke gebreken" pijnlijk in beeld gekregen.' Dat laatste is een verwijzing naar haar boek *Menselijke gebreken voor gevorderden,* dat enkele maanden voor de commotie rond het 'vleesonderzoek' verscheen.

Ze sloot haar verklaring af met te zeggen dat ze 'de verdere woordvoering over deze zaak overlaat aan de Radboud Universiteit'. Dat deed ze echter niet, ze bleef er in interviews op terugkomen. Hoewel Vonk erkende dat ze een blunder had begaan, vond ze ook dat ze zowel door de media als door de RUN onevenredig hard was aangepakt, waarschijnlijk als gevolg van haar bekendheid: 'hoge bomen vangen veel wind'. 'Ze vonden dat ik had kunnen zien dat de resultaten te mooi waren om waar te zijn. Maar dat gold ook voor de andere coauteurs van Stapel. Maar ik ben bekend in de media, en ik kwam zelf naar buiten met dat het onderzoek fake was, dus naar míj werd een onderzoek ingesteld. We zijn er allemaal ingetrapt. Maar waarom ben ík dan degene die shit over zich heen krijgt? [...] Ik ben onrechtvaardig behandeld, het is buiten proportie uitgemeten. We zijn allemaal stom geweest, maar ik ben niet stommer geweest dan anderen.'[23]

Eigenbelang?

Intussen hadden ook de commissies die de zaak-Stapel onderzochten van zich laten horen. Anders dan de Nijmeegse universiteit gaven die van Tilburg, Groningen en Amsterdam voortdurend openheid van zaken, onder meer via een speciale website. Op 31 oktober 2011 bracht de commissie-Levelt een eerste, gezamenlijke rapportage van de drie commissies naar buiten.[24] De belangrijkste conclusie was dat Stapel zeker sinds 2004 gegevens had gefingeerd, bij minstens dertig onderzoeken. Zeer waarschijnlijk had hij daarbij alleen gewerkt. Zijn coauteurs waren niet op de hoogte geweest van de fraude, laat staan erbij betrokken. Maar ook al werden ze 'niet schuldig' verklaard, ze hadden Stapel wel veel ruimte gegeven om zijn eigen gang te gaan. In het algemeen was er in zijn onderzoeksomgeving sprake geweest van een losse omgang met methodologische normen, zo concludeerde de commissie.

In zijn aanbiedingstoespraak toonde Levelt zich geschokt door het persoonlijke leed dat Stapel had aangericht door 'nietsontziend jonge mensen die aan zijn zorgen en leiding waren toevertrouwd' te misbruiken 'voor zijn eigen eer en glorie'. Deze jonge onderzoekers realiseren zich nu 'dat hun promotor ze heeft voorgelogen'. Ze kunnen niet meer met trots naar hun dissertatie kijken en moeten een deel, soms zelfs de meerderheid van hun tijdschriftpublicaties van hun cv schrappen. 'Zij zijn ten diepste in hun eer en in hun carrière getroffen,' aldus Levelt.[25]

Stapel, die zich niet in staat achtte de commissie te woord te

Prof.dr. Pim Levelt

staan, kreeg vooraf een concept van het rapport te zien, met het verzoek om het op feitelijke onjuistheden te controleren. Op de bevindingen omtrent zijn fraude reageerde hij, in een korte verklaring, 'met ontzetting en schaamte'.[26] Tegelijkertijd verzette hij zich tegen aantijgingen als zou hij gefraudeerd hebben uit eigenbelang: 'Ik herken me niet in het beeld dat wordt geschetst van een man die heeft geprobeerd jonge onderzoekers voor zijn karretje te spannen. Ik heb fouten gemaakt, maar was en ben oprecht betrokken bij het vakgebied van de sociale psychologie, bij jonge onderzoekers en overige collega's.'

Karaktermoord?
Stapel raakte door het rapport van de commissie danig uit het veld geslagen. Dat zijn fraude in het openbaar en in volle omvang werd geëtaleerd was pijnlijk en confronterend, maar de gewraakte feiten waren natuurlijk niet nieuw voor hem. Hem werd een spiegel voorgehouden waarin hij zich niet herkende.[27] Schokkend vond hij vooral dat de commissie kwade wil veronderstelde. Hij zou een 'enge, machtszieke man' zijn, 'die in koelen bloede en op rationeel berekenende wijze mensen en de wetenschap de nek had omgedraaid. De Diederik Stapel van de commissie was een man met een diabolische, levensgevaarlijke persoonlijkheidsstructuur', zo schreef hij een jaar later in zijn boek *Ontsporing.*

Hoe kon men hem zo miskennen, zo vroeg hij zich af. 'Ik zag mezelf afgeschilderd als een arrogante, manipulatieve oplichter, een kwade genius, een diabolische onderzoeker die willens en wetens, een groot masterplan volgend, alles deed om zo veel

Spijtbetuiging Diederik Stapel

31 oktober 2011

De laatste weken heb ik lang nagedacht of ik moet reageren en zo ja, wat ik dan moet zeggen. Het is moeilijk de juiste woorden te vinden. De commissie heeft gesproken. En nu moet ik en wil ik iets zeggen, hoe onmogelijk het ook is het juiste te zeggen.

Ik heb gefaald als wetenschapper, als onderzoeker. Ik heb onderzoeksgegevens aangepast en onderzoeken gefingeerd. Niet één keer, maar meerdere keren, en niet even, maar gedurende een langere tijd. Ik realiseer me dat ik door dit gedrag mijn directe collega's in verbijstering en boosheid heb achtergelaten en mijn vakgebied, de sociale psychologie, in een kwaad daglicht heb gesteld. Ik schaam me daarvoor en ik heb daar grote spijt van.

Wetenschap is mensenwerk, het is teamwerk. Ik heb de afgelopen jaren enorm genoten van de samenwerking met talloze getalenteerde, zeer gemotiveerde collega's. Ik hecht er aan te benadrukken dat ik hen nooit op de hoogte heb gebracht van mijn oneigenlijk gedrag. Ik bied mijn collega's, mijn promovendi en de gehele academische gemeenschap mijn oprechte excuses aan. Ik ben me bewust van het leed en het verdriet dat ik bij hen heb veroorzaakt.

Sociale psychologie is een groot, belangwekkend en solide vakgebied dat prachtige, unieke inzichten biedt in menselijk gedrag en daarom nog steeds veel aandacht verdient. Ik heb de fout gemaakt dat ik de waarheid naar mijn hand heb willen zetten en de wereld net iets mooier wilde maken dan hij is. Ik heb gebruikgemaakt van oneigenlijke middelen om de resultaten aantrekkelijk te maken. In de moderne wetenschap ligt het ambitieniveau hoog en is de competitie voor schaarse middelen enorm. De afgelopen jaren is die druk mij te veel geworden. Ik heb de druk te scoren, te publiceren, de druk om steeds beter te moeten zijn, niet het hoofd geboden. Ik wilde te veel te snel. In een systeem waar er weinig controle is, waar mensen veelal alleen werken, ben ik verkeerd afgeslagen. Ik hecht eraan te benadrukken dat de fouten die ik heb gemaakt, niet zijn voortgekomen uit eigenbelang.

Ik besef dat er nog heel veel vragen zijn. Mijn huidige gesteldheid staat mij echter niet toe deze te beantwoorden. Ik zal nog diep moeten graven om te achterhalen waarom dit alles gebeurd is, wat mij hiertoe heeft bewogen. Ik heb hierbij hulp nodig die ik inmiddels ook heb gekregen.

Hier wil ik het op dit moment bij laten.

Diederik A. Stapel

mogelijk mensen om de tuin te leiden.' Voor Stapel was dit volkomen in strijd met zijn zelfbeeld, zijn beeld van de man die juist met zijn aio's en collega's het beste voorhad. En een perfecte oplichter was hij ook niet, eerder iemand die nogal gejaagd en gehaast wat had aangeklungeld met data en tabellen.

Klopt het wat Stapel hier zei? Was er inderdaad sprake geweest van een 'psychoanalyse' door de commissie, die uitmondde in een venijnige poging tot karaktermoord? Wie de tekst van het interim-rapport nauwkeurig leest, ziet eerder hoe de commissie zich onthoudt van oordelen over de persoonlijkheid van Stapel, en zich beperkt tot een weergave van zijn handelen, zoals dat naar voren kwam uit de interviews met zijn coauteurs en andere betrokkenen.[28] Het handelen van Stapel kenmerkte zich volgens de commissie door 'een geraffineerde werkwijze en een onbeschaamd gebruik van prestige, aanzien en macht'. Waar bleek dat uit? 'De heer Stapel koos zorgvuldig de junior onderzoekers met wie hij de intensieve een-op-een werkwijze wilde aangaan. Met hen werd een innige band gesmeed. Vele promovendi beschouwden hem als een persoonlijke vriend. Men kwam thuis bij hem, had gezamenlijke diners, ging gezamenlijk naar het theater, enzovoort. Een dergelijke situatie is niet bevorderlijk voor het kritisch volgen van de "meester".' De enkelingen die door bleven vragen en bijvoorbeeld erop aandrongen de ruwe data te mogen inzien, werden geïntimideerd: hoe durfden ze de capaciteiten en de ervaring van hem als gerenommeerd hoogleraar in twijfel te trekken?

Na de publicatie van het interim-rapport, waaruit weer een golf van publiciteit voortkwam, dook Stapel een aantal dagen onder bij familie, onder anderen bij zijn broer in Boedapest.[29] Hij had inmiddels besloten zijn doctorsbul terug te geven, omdat hij wel inzag dat zijn frauduleuze handelen in strijd was met de aan het doctoraat verbonden plichten. Zijn vrouw Marcelle nam die taak op zich. Ze stapte in de auto en reed naar de UvA, met Stapels doctorsbul bij zich. Rector Dymph van den Boom ontving haar, met begrip voor het persoonlijk drama dat zich in de familie Stapel als onvermijdelijk gevolg van de fraudeaffaire afspeelde. En in de media gonsde op 10 november 2011 het bericht: 'Frauderende hoogleraar Stapel levert doctorstitel in.'[30] Opnieuw was Stapel een *trending topic.*

Klokkenluiders

Onderzoeksfraude wordt doorgaans opgemerkt door collega's in de nabije omgeving van de fraudeur. Zij zijn immers uit eigen ervaring op de hoogte van de praktische gang van zaken en hebben meestal toegang tot gegevens in diverse stadia van bewerking. Vaak zijn het ook *jonge* onderzoekers omdat die, bijvoorbeeld in het kader van hun dissertatieonderzoek, relatief veel tijd in het onderzoek steken en er dichter bovenop zitten.

Dat was in dit geval niet anders. In een fraaie reconstructie beschreef Maarten Keulemans in *de Volkskrant* hoe drie junior onderzoekers in tien maanden tijd het materiaal verzamelden dat uiteindelijk tot de val van Stapel zou leiden.[31] Het begon met kleinigheden. Stapel voorzag studenten bijvoorbeeld van gegevens die overduidelijk niet klopten (respondenten van onderzoek op een middelbare school met een gemiddelde leeftijd van 19 jaar). In een ander geval waren de resultaten 'te mooi om waar te zijn'. Kijken naar een plaatje van fruit dat in een krat verpakt zit, zou ertoe leiden dat proefpersonen meer op materialistische gedachten gebracht worden dan wanneer dat fruit op de grond ligt, en dat leidt weer tot meer materialisme dan wanneer het fruit in zijn meest natuurlijke vorm wordt getoond, bijvoorbeeld aan de boom. De uitkomsten waren verbluffend, het verband was een perfect trappetje omhoog, 'zo mooi dat je zou denken dat de cijfers zijn verzonnen', aldus een van de betrokkenen.

Een van de studenten besloot om zelf uit te proberen hoe het werkte bij de 'datafabriek' die Stapel heette. Hij bedacht een experiment met als vraag: in hoeverre beïnvloedt denken aan een financiële crisis de bereidheid om geld te doneren (het 'gulheidsonderzoek'). Nog geen maand later kreeg hij de resultaten van het onderzoek, dat door Stapel op middelbare scholen was uitgevoerd. De hypothese werd perfect bevestigd en de gemeten effecten van de experimentele condities waren nog groot ook. Prachtige uitkomsten! Bij nadere inspectie van de tabellen bleek echter dat de interne consistentie van de antwoorden onacceptabel laag was (Cronbachs alfa < 0,45). Dat wees erop dat de vragenlijsten willekeurig waren ingevuld en zou dus een aanwijzing voor datafabricage kunnen zijn.

In januari 2011 besloten drie jonge onderzoekers die gelijksoortige ervaringen hadden opgedaan met door Stapel aangeleverde data, de zaak systematischer aan te pakken. Wanneer je resultaten van een onderzoek niet vertrouwt, is replicatie de aangewezen weg: je herhaalt het experiment zo nauwkeurig mogelijk. Bij de replicaties werd Stapel niet betrokken, en de prachtige verbanden die eerder waren gevonden, bleven uit. Desgevraagd adviseerde Stapel om, met het oog op de kansen voor publicatie, vast te houden aan de eerste, gunstige uitkomsten.

Gaandeweg groeide het dossier van de klokkenluiders in spe. In één geval leverde Stapel resultaten die geheel volgens de theorie waren, maar bleek later dat de theorie verkeerd geïnterpreteerd was. In een ander geval bleken in twee verschillende tabellen identieke rijtjes cijfers te staan – foutje bij het invoeren, suggereerde Stapel. Het vergde gedisciplineerd spitwerk om de valsheid in geschrifte van Stapel aan te tonen. Op 24 augustus 2011 vonden de klokkenluiders dat ze genoeg materiaal verzameld hadden en gingen ze hogerop.

In het rapport van de commissie-Levelt kregen de drie klokkenluiders veel lof toegezwaaid. Dat is niet ten onrechte. Klokkenluiders moeten bijna altijd opboksen tegen de gevestigde macht en de dominante beeldvorming, en lopen een niet onaanzienlijk risico zelf de dupe te worden van hun aanklacht. Stapel was hoogleraar, de baas van het samenwerkingsinstituut tussen twee faculteiten – sociale wetenschappen en economie – en sinds 2010 ook decaan van de faculteit sociale wetenschappen. Je moet wel heel zeker van je zaak zijn om dan de klok te gaan luiden. Daar kwam nog bij dat er op het niveau van de faculteit geen beroepsinstantie was, geen vertrouwenspersoon wetenschappelijke integriteit. Bij de rector magnificus van de universiteit een klacht gaan indienen over de decaan van je faculteit, vergt veel moed en het was per saldo een brug te ver. De jonge klokkenluiders besloten daarom in eerste instantie het hoofd van hun departement, Marcel Zeelenberg, in te lichten over hun verdenkingen. Ook dat was niet zonder risico, want Zeelenberg en Stapel waren al sinds hun gezamenlijke Amsterdamse tijd, midden jaren negentig, goed bevriend. Gelukkig voor hen liet Zeelenberg zich overtuigen en was hij bereid om het namens hen hogerop te zoeken: bij de rector magnificus, Eijlander, tevens vertrouwenspersoon.

Er waren overigens al in een eerder stadium aio's geweest die problemen hadden gemeld met datasets van Stapel. Ook twee collega-hoogleraren hadden geconstateerd dat sommige van

Stapels data 'te mooi waren om waar te zijn'. De gezondheids-psycholoog Ad Vingerhoets, specialist in de psychologie van het huilen, bereidde in 2010 samen met Stapel een publicatie voor over de vraag of kinderen meer bereid zijn snoepjes te delen als ze een ander zien huilen. Toen hij van Stapel de data ontving, geloofde hij zijn ogen niet: 'Onze verwachtingen kwamen precies uit. [...] Ik dacht: Jezus hoe kan dat. Zulke mooie resultaten heb ik nog nooit gehad.'[32] In plaats van Stapel hierop aan te spreken, maakte hij een emeritus-hoogleraar van Tilburg deelgenoot van zijn wantrouwen, maar deze adviseerde hem geen actie te ondernemen. Uiteindelijk kwam het in geen van deze gevallen tot een melding bij de bevoegde instantie: de rector magnificus.

Drama

Met de ontmaskering van Stapel werd fraude in de wetenschap een druk besproken thema en Stapel werd de verzinnebeelding ervan. De schijnwerper kwam ook te staan op de sociale psychologie. Mede door de publiciteit rond het 'vleesonderzoek' ontstond het beeld dat men zich in dit vakgebied vooral bezig-houdt met malle, triviale onderzoekjes: 'Vier Tilburgse gedrags-wetenschappers lieten een groep mensen naar een plaatje van een biefstuk kijken en een andere groep naar een prentje van een boom. Daarna speelden ze met beide groepen een verdeelspel en de conclusie was dat de vleeskijkers egoïstischer waren dan de boomgluurders.' Deze redelijk accurate beschrijving van een deel van het vleesonderzoek stond op 10 september 2011 in de column 'Stapelgek' van Youp van 't Hek in NRC *Handelsblad*.

Dat Stapel gegevens verzonnen had, vond Van 't Hek terecht: 'Ik had bij deze zouteloze flauwekul ook mijn duim gepakt en daar de gegevens uit gezogen. En als hij slim is, heeft hij dat met al zijn eerdere onderzoekjes ook gedaan. Als we ons als acade-mici met dit soort rare dingen moeten bezighouden, dan kan je niet anders dan de boel tillen.' Een week later schreef hij over Roos Vonk, 'die afgelopen maandag bij *Pauw & Witteman* glo-rieus harakiri pleegde door te vertellen dat haar onderzoekjes niets anders waren dan een bevestiging van haar eigen vooroor-delen'. Volgens Van 't Hek zijn 'die gedragswetenschappers ge-woon krankzinnig'.

Het inhakken door columnisten op de sociale wetenschap-

Youp

Stapelgek

V ier Tilburgse gedragswetenschappers lieten een groep mensen naar een plaatje van een biefstuk kijken en een andere groep naar een prentje van een boom. Daarna speelden ze met beide groepen een verdeelspel en de een dagje vrij gekregen om naar de biefstuk te koekeloeren of moesten ze weer werken? 3. Werden ze ervoor betaald of kregen ze alleen reiskostenvergoeding? 4. Hadden de leden van de controlegroepjes een relatie of waren ze single? Ik vraag Bovenstaande vragen stel ik vooral aan de deze week door zijn eigen mandje geflikkerde hoogleraar Diederik Stapel. Deze professor heeft, tot verbazing van zijn medewerkers, zelf nogal wat *feiten* aan zijn belangwekkende onderzoek toegevoegd.

NRC *Handelsblad*, 10 september 2011

pen heeft al een lange traditie, maar in dit geval is het hun wel erg gemakkelijk gemaakt. Hoe de schade te beperken? De gangbare metafoor is die van de *zuivering:* degene die de regels van de wetenschapsbeoefening overtreedt, wordt met pek en veren de stad uit gestuurd. Daarna kan de rust weerkeren, met het voor de achterblijvers geruststellende besef dat de zelfreinigende functie van de wetenschap haar werk heeft gedaan en dat er bovendien op hun eigen handelen niets is aan te merken. In dit geval liep het anders: de commissie-Levelt onderzocht niet alleen het oeuvre van Stapel, maar ook de situatie waarin de fraude zo lang ongestoord had kunnen plaatsvinden.

In de nu volgende hoofdstukken zal ik stapsgewijs laten zien hoe de affaire-Stapel een aantal open zenuwen heeft geraakt in het wetenschapsbedrijf. Een daarvan laat zich typeren als de publicatiedruk in de wetenschap, een thema dat ook door Stapel zelf nadrukkelijk is genoemd. Om redenen die ik verderop uiteen zal zetten, lijkt me publicatie*drang* hier een betere term. De andere open zenuw betreft de methodologie in de psychologie. In de afgelopen halve eeuw is binnen de sociale psychologie het experiment als favoriete – hoewel niet onomstreden – onderzoeksmethode in zwang geraakt. Rondom het wetenschappelijk experiment is in de loop van de tijd een formele methodologie ontwikkeld die op gespannen voet staat met de feitelijke onderzoekspraktijk. Mede door de affaire-Stapel is de spanning dusdanig opgelopen dat er intussen heftige debatten tussen methodologen en sociaalpsychologen zijn ontstaan, en daarmee ook binnen de sociale psychologie zelf.

In hoofdstuk 2 is echter allereerst de vraag aan de orde wat voor fraude Stapel eigenlijk heeft gepleegd, wat de omvang ervan was en in hoeverre fraude in de wetenschap een uitzondering is.

2 Fraude

Ik zat alleen op mijn chique kamer op de Groningse universiteit. Ik had de deur extra goed dichtgedaan en mijn bureau
extra goed opgeruimd. Alles moest netjes en overzichtelijk
zijn. Geen troep. Ik opende het bestand met de gegevens
die ik had ingevoerd en maakte van een onverwachte 2 een 4
en een eindje verder in de matrix van een 3 een 5. Het voelde
niet goed. Ik keek angstig om me heen. De gegevens dansten
voor mijn ogen. Als de resultaten nét niet zijn wat je zo vurig
had gehoopt; als je weet dat die hoop gebaseerd is op een
grondige analyse van de literatuur; als dit al je derde experiment is over dit onderwerp en die andere twee wel goed zijn
gelukt; als je weet dat elders op de wereld andere onderzoekers ook met dit soort experimenten bezig zijn en wel succes
hebben – dan kun je de resultaten toch wel een klein beetje
aanpassen?

Stapel, *Ontsporing*, 145.

We schrijven 2003. Diederik Stapel is sinds drie jaar hoogleraar
cognitieve sociale psychologie aan de Rijksuniversiteit Groningen. Hij heeft een probleem: zijn publicatiestroom dreigt op
te drogen. Samen met zijn Amerikaanse collega Hart Blanton,
hoogleraar aan de Universiteit van Connecticut, doet hij onderzoek naar sociale vergelijking en zelfbeoordeling, maar de experimenten leveren niet de gewenste resultaten op. Hij besluit om
in de datamatrix enkele getallen te veranderen en de statistische
analyses opnieuw te draaien. Nu worden de hypothesen bevestigd. Het artikel kan worden afgemaakt en ingestuurd. In 2004
wordt het geplaatst in het toptijdschrift van de sociale psychologie, het *Journal of Personality and Social Psychology*. Zeven jaar
later zet Stapel in zijn publicatielijst een vinkje bij dit artikel, bij
wijze van verklaring dat het op fraude berust. De statistici van
de commissie-Noort, die over Stapels Groningse publicaties
moet oordelen, hebben vastgesteld dat er inconsistenties zijn

- Stapel, D.A. & Blanton, H. (2004) From seeing to being: Subliminal social comparisons affect implicit and explicit self-evaluations, *Journal of Personality and Social Psychology*, 87, 468-481. (Research supported by a Pioneer grant from NWO awarded to D.A. Stapel and a research grant of the Heymans Institute of the University of Groningen awarded to D.A. Stapel)
  - Dataset 6 of this study was provided by W.J. Post.
  - Data collection and analysis were managed by Mr. Stapel.
  - Incorrectly reported p-value.
  - Inconsistencies could be observed in data and analysis, and replications of analysis did not provide identical results as reported in the article.
  - Mr. Stapel did declare that this article is fraudulent.

Commissie-Levelt, *Falende wetenschap*, 89.

in de gegevens en de analyse. Ook is de p-waarde onjuist weergegeven. Replicatie van de analyse geeft andere resultaten dan in het artikel vermeld staan. Conclusie: er is hard bewijs dat het gepubliceerde artikel op fraude berust.

Stapels fraude

Bij fraude in de wetenschap gaat het grofweg om twee categorieën: het vervalsen of verzinnen van onderzoeksgegevens en die voor echt laten doorgaan, en het in een eigen tekst opnemen van tekstfragmenten van anderen zonder daarbij correcte bronverwijzingen te geven, oftewel plagiaat plegen. In de Engelstalige literatuur over fraude wordt dit aangeduid als FFP: *fabrication, falsification, plagiarism*. Van plagiaat werd Stapel niet beschuldigd en dat is ook verder niet onderzocht. Het ging bij hem om het vervalsen en verzinnen van datasets en andere onderzoeksuitkomsten. De mate en de aard van Stapels frauduleuze handelingen werden, zoals gezegd, onderzocht door drie onderzoekscommissies, een voor elk van de drie universiteiten waar Stapel in dienst was geweest: Amsterdam, Groningen en Tilburg. Deze commissies verrichtten hun onderzoek op identieke wijze, onder regie van de door Levelt geleide hoofdcommissie.

In hun onderzoekswerk richtten de commissies het oog op drie categorieën van vervalsing: (1) het aanmaken, vervalsen of aanvullen van *data* (gecodeerde ruwe onderzoeksgegevens), (2) het verzinnen of vervalsen van *analyse-uitkomsten,* (3) het on-juist weergeven van de inrichting en aard van het *experiment.*[1] De commissie onderzocht de aangeleverde datasets op eventu-ele merkwaardigheden en verdachte uitkomsten. Ook werden uitkomsten van heranalyses van de datasets vergeleken met de gepubliceerde resultaten. De aangeleverde vragenlijsten en het stimulusmateriaal zijn vergeleken met zowel de datasets als de publicatie. Om de fraude ondubbelzinnig en juridisch steekhou-dend te kunnen bewijzen, moesten de commissies een vergelij-king kunnen maken tussen de gegevens in de gepubliceerde ar-tikelen, de oorspronkelijke onderzoeksgegevens en de gegevens over de concrete uitvoering van de experimenten. Waar nodig werd een en ander, inclusief de e-mailwisselingen met Stapel, bij de coauteurs opgevraagd. In interviews werd hun bovendien ge-vraagd hoe het feitelijke verloop van het betreffende onderzoek was geweest, hoe de verantwoordelijkheden verdeeld waren en hoe zij discrepanties tussen de ruwe gegevens en de uiteindelijk gepubliceerde resultaten verklaarden. Waar twijfels ontstonden, werd aan de coauteurs gevraagd of de discrepanties en merkwaar-digheden te verklaren waren, anders dan door datamanipulatie.

Van de 143 publicaties die de commissie heeft onderzocht, zijn er 55 onbetwistbaar frauduleus. In het rapport staat dit aangeduid als *proof of fraud,* wat inhoudt dat het bewijs juridisch steekhoudend is. Daarnaast gaf de commissie bij nog eens tien publicaties aan dat er sprake is van *evidence of fraud* – vrijwel ze-ker frauduleus, maar niet spijkerhard te bewijzen omdat de oor-spronkelijke gegevens waren vernietigd. Dat geldt voor de pu-blicaties uit de Amsterdamse periode (1993-1999) en de vroege Groningse periode. Het aantal frauduleuze publicaties komt daarmee op 65.

Afgaand op Stapels eigen bekentenis (onder andere in *Ont-sporing)* en de rapportage van de commissie-Levelt, is zijn fraude in de loop van zijn carrière ernstiger en omvattender geworden. Tijdens zijn aanstelling aan de Universiteit van Amsterdam had hij, naar eigen zeggen, in de rapportage van onderzoek wel eens condities, variabelen of proefpersonen en -groepen weggelaten om zo de uitkomsten van het onderzoek overtuigender te ma-ken. In *Ontsporing* schreef hij: 'Als de resultaten van een experi-ment tegenvielen, ging ik in de dataset op zoek naar *outliers,* naar mensen die gekke antwoorden hadden gegeven – dat wil zeggen, antwoorden die niet overeenkwamen met mijn verwachtingen en heel anders waren dan de gemiddelden – en keek ik of er redenen waren om deze mensen "weg te gooien". Als ze net wat ouder, jonger, langzamer, sneller of wat dan ook waren dan "normaal" was het misschien wel geoorloofd om op deze manier de resultaten meer in lijn met mijn verwachtingen te brengen.'² Hij beschouwde dat als een 'grijze' praktijk die naar zijn idee niet frauduleus was en ook gebruikelijk in zijn vakgebied: '[...] ik was echt niet de enige die dit soort dingen deed. [...] Hoe kwamen al die anderen anders aan die schitterende resultaten?'³

Andere praktijken, zoals het wijzigen of verzinnen van onderzoeksgegevens en het verzinnen van een heel onderzoek, beschouwde Stapel wel als frauduleus, al vond hij zelf dat hij dat telkens met de beste bedoelingen gedaan had. 'Als studenten of collega's onderzoek met mij deden, dacht ik met hen mee, zorgde ik voor een mooi, logisch geconstrueerd theoretisch raamwerk, een elegante onderzoeksopzet en... voor mooie onderzoeksgegevens. Ik zorgde ervoor dat het onderzoek samen met een aantal andere onderzoeken werd uitgevoerd in grotere of kleinere testzittingen. Ik zorgde ervoor dat de onderzoeksgegevens werden verwerkt in een database in de computer. Ik zorgde ervoor dat alles keurig verliep. En als de machine ergens haperde, greep ik in. En als het allemaal te lang duurde, bedacht ik het zelf – desnoods alles. Zolang ik maar goed nieuws kon brengen en de pijn en het gedoe van de mislukkingen kon voorkomen. Ik wilde dat we allemaal verder konden en tempo konden maken. Ik wilde dat iedereen de gelukservaring van mooi, goed, gelukt onderzoek kon ervaren.'⁴

Utrecht Centraal

Het verzinnen van een heel onderzoek is uniek in de geschiedenis van de wetenschapsfraude. Uniek is ook dat een daaruit voortkomend artikel een plaats krijgt in de kolommen van *Science,* het toptijdschrift in de wereld van de wetenschap. Stapel lukte het: in april 2011 verscheen in *Science* zijn artikel 'Coping with chaos', waarbij de Groningse hoogleraar sociologie Siegwart Lindenberg als coauteur fungeerde. Deze publicatie werd ook in Nederland een nieuwsfeit. Volgens Stapel zelf was het artikel 'ingeslagen als een bom' en 'wereldnieuws geworden'. Hoe was deze publicatie tot stand gekomen?

Discriminatie in een zwijnenstal

Nederlandse onderzoek toont aan: chaos versterkt denken in stereotypen

Een recente staking van schoonmaakpersoneel in het Utrechtse Centraal Station was een unieke gelegenheid om het effect van wanorde op discriminatie te meten.

Door onze redacteur
DIRK VLASBLOM

ROTTERDAM, 8 APRIL. Opgebroken straten, opgehoopt vuilnis – een wanordelijke omgeving geeft mensen behoefte aan structuur. En daardoor gaan ze anderen stereotyperen en discrimineren. Dat schrijven de sociaal-psycholoog Diederik Stapel, onderzoeker aan de Universiteit van Tilburg, en de socioloog Siegwart Lindenberg, hoogleraar in Groningen, vandaag in het Amerikaanse wetenschappelijk tijdschrift *Science*. Zij baseren zich onder meer op een veldexperiment in het Utrechtse Centraal Station.

Lindenberg en Stapel houden zich, ieder vanuit de eigen discipline, bezig met de invloed van de fysieke omgeving op menselijk gedrag. Lindenberg bestudeert gemeenschappen, zoals buurten en bedrijven, terwijl Stapel vooral kijkt naar beïnvloeding van economisch gedrag.

Lindenberg en twee andere Groningse sociologen hebben eerder (in *Science*, november 2008) laten zien dat een wanordelijk straatbeeld antisociaal gedrag in de hand werkt, zoals afval slingeren, gemeentelijke verordeningen negeren en zelfs stelen.

Lindenberg en Stapel hebben nu experimenteel aangetoond dat een wanordelijke omgeving ook discriminerend gedrag bevordert. Want, schrijven ze, chaos versterkt de behoefte aan orde, wat leidt tot het gebruik van sterk vereenvoudigde categorieën en oordelen (stereotypen), die op hun beurt discriminerend gedrag in de hand werken.

Uit eerder onderzoek van Stapel blijkt dat mensen wanneer ze een sterke behoefte voelen aan structuur en voorspelbaarheid eerder stereotyperen dan wanneer die behoefte minder groot is. En in veel gevallen blijkt stereotypering hand in hand te gaan met discriminatie. Stereotype denkbeelden activeren stereotyperend gedrag en dat kan gepaard gaan

met lage waardering, ontwijking en uitsluiting van andere groepen.

Lindenberg en Stapel verwachtten dat fysieke wanorde de behoefte aan orde en structuur versterkt, die wordt bevredigd door te stereotyperen. Stereotyperend gedrag zou dus een manier kunnen zijn om met fysieke chaos om te gaan, een mentaal schoonmaakmiddel.

De staking van schoonmaakpersoneel in het Utrechtse Centraal Station begin vorig jaar was een unieke gelegenheid om het effect van fysie-

ke wanorde te meten. Toen de stationshal al een paar dagen niet was aangeveegd vroegen de onderzoekers 40 reizigers die op een bank wachtten (blank, voor de helft vrouw, gemiddeld 32 jaar oud) om op een schaal van 9 punten aan te geven hoe sterk bepaalde eigenschappen van toepassing zijn op 'moslims', 'homoseksuelen' en 'Nederlanders'.

Om niet alleen denkbeelden, maar ook gedrag te meten werd de deelnemers gevraagd de korte vragenlijst in te vullen op één van zes rijtje van zes

Deze gearrangeerde foto toont dat witte reizigers die een vragenlijst invullen in een rommelige omgeving verder van een zwarte onderzoeksassistent af gaan zitten. Bij witte assistenten gebeurt dat niet. Foto's Science

stoelen. De eerste stoel was steeds bezet door afwisselend een zwarte en een witte onderzoeksassistent. Vooraf was vastgesteld dat deze assistenten een even intelligente, aantrekkelijke en benaderbare indruk maakten. Genoteerd werd vervolgens hoeveel stoelen de deelnemers openlieten tussen henzelf en de assistent. Dit hele draaiboek werd een week later herhaald, toen de stationshal weer was opgeruimd.

Toen het station nog niet was schoongemaakt gaven de deelnemers significant (zo'n 25 procent) vaker stereotype antwoorden dan in de tweede, ordelijke situatie. En in het vervuilde station lieten deelnemers gemiddeld één stoel meer vrij tussen henzelf en de zwarte assistent.

Toen de hal was opgeruimd, was er geen duidelijk merkbaar effect van de huidskleur van de assistent op het aantal stoelen dat de deelnemers openhielden tussen henzelf en deze acteur.

In een vergelijkbaar veldexperiment maten de onderzoekers welk effect een eerst opgebroken en daarna netjes geplaveide straat had op de stereotypering via de schriftelijke antwoorden die deelnemers gaven in dezelfde stereotyperingstest als op het station was gebruikt. Ze keken ook of de orde in de straat effect had op een andere gedragsmaat: de bereidheid te doneren aan een denkbeeldig 'hulpfonds voor minderheden'. Ook in dit experiment werkte fysieke wanorde stereotype antwoorden en discriminerend gedrag in de hand.

In afzonderlijke laboratoriumtests lieten de onderzoekers zien dat het genoemde verband tussen wanorde en stereotypering verloopt via de menselijke behoefte aan structuur en orde. Ze deden dit onder meer door een groep van 57 studenten te confronteren met plaatjes van orde en wanorde, zoals een rommelige en een netjes geordende boekenkast. Daarna werd hun behoefte aan structuur gemeten aan de hand van een standaardtest. Tenslotte werd hun neiging tot stereotyperen getest met dezelfde vragen als in het veldexperimenten. Behoefte aan structuur bleek een belangrijke schakel in het effect van chaos op stereotypering en discriminatie. Geslacht en stemming van de deelnemers waren niet van invloed op het onderzochte verband.

Een gangbaar idee in de sociale psychologie is dat de behoefte aan structuur een kernmotief vormt achter de neiging tot stereotyperen en discrimineren. Hoe meer behoefte aan structuur iemand heeft, des te groter zal de neiging zijn om de werkelijkheid via stereotypen waar te nemen. De genoemde Lindenberg had in 2008 met zijn Groningse collega's Kees Keizer en Linda Steg een artikel in *Science* gepubliceerd, 'The spreading of disorder', waaruit bleek dat een rommelige omgeving mensen aanzet tot grensoverschrijdend gedrag: variërend van afval op straat gooien tot kleine criminaliteit. Dit had Stapel op het idee gebracht om een dergelijke fysieke stimulus te gebruiken in onderzoek naar discriminatie.[5] De hypothese was dan dat een vieze, rommelige omgeving aanzet tot 'mentaal opruimen' en dus tot stereotypering en discriminatie. Hij had geprobeerd dit idee bevestigd te krijgen in experimenteel onderzoek met behulp van foto's en vragenlijstjes, maar het effect was niet heel sterk. Een publicabel resultaat kwam er niet uit, maar het idee liet hem niet los.

Toen in het voorjaar van 2010 de schoonmakers van de NS overgingen tot acties en stakingen en het op station Utrecht Centraal een vieze bende werd, pakte Stapel het idee weer op. Hij bedacht laboratoriumexperimenten waarbij studenten op computerschermen naar plaatjes, woorden en symbolen moesten kijken die meer of minder chaos uitstraalden, en vervolgens vragenlijsten moesten invullen. Daarnaast bedacht hij een aantal veldstudies: op vieze en schone stations en op rommelige en keurige straathoeken zouden voorbijgangers geïnterviewd worden over hun houding ten opzichte van Marokkanen, homo's, Duitsers, mannen en vrouwen. Stereotypering als gevolg van een rommelige omgeving lag als idee in het verlengde van een hele traditie van stereotyperingsonderzoek, maar was tegelijkertijd vernieuwend, aldus Stapel. Iedereen had het kunnen bedenken, maar, zo schreef Stapel: 'ík had het bedacht. Letterlijk: ik had alles uit mijn duim gezogen. Het was een mooi, simpel logisch en vanzelfsprekend idee, maar de empirische toets was pure fantasie. De gerapporteerde laboratoriumonderzoeken waren niet uitgevoerd. De veldstudies hadden nooit plaatsgevonden.'[6]

De succesvolle publicatie in *Science* was op verzinsels gebaseerd en niemand had iets in de gaten gehad. Coauteur Lindenberg verklaarde tegenover de commissie dat hij de dataset nooit had gezien en alleen had meegeschreven aan het artikel.[7] Tegen journalisten van NRC *Handelsblad* zei Lindenberg: 'Ik had geen moment aanleiding om Stapel te wantrouwen. Achteraf ben je altijd wijzer. Overigens voel ik me niet misbruikt, zoals die jonge onderzoekers. Wel bedrogen.'[8]

Ook de Nederlandse sociaalpsycholoog Ap Dijksterhuis, sinds 2010 een van de drie *reviewing editors* van *Science* voor het psychologisch vakgebied, had geen argwaan gekregen toen hij het artikel van Stapel en Lindenberg ter beoordeling voorgelegd had gekregen. Reviewing editors doen een voorselectie: moet een artikel worden doorgestuurd naar meer gespecialiseerde peer reviewers, of kan het direct worden afgewezen? Hij had 'Coping with chaos' een hoge score gegeven. Terugblikkend zei hij: 'Dat [artikel] zouden we zo weer aannemen, hoe gek het ook klinkt. Ik weet nog dat ik het kreeg en dacht: dit is eigenlijk heel erg goed.' Dat de data verzonnen waren, was volgens Dijksterhuis niet te zien.[9]

De voorselectie bij *Science* geschiedt wel altijd onder hoge tijdsdruk. Een reviewing editor, bijvoorbeeld, krijgt per week zo'n drie artikelen binnen, waarover binnen 48 uur een oordeel moet worden gegeven. Dat gaat tussen de gewone werkzaamheden door en veel meer dan een uur mag het niet kosten. Bovendien streeft men naar het plaatsen van spannende artikelen, met liefst nieuwe, grensoverschrijdende bevindingen. Dat er af en toe iets misgaat, is dan ook niet zo verwonderlijk. De geschiedenis van *Science* biedt legio voorbeelden van terugtrekkingen omdat de onderzoeksresultaten minder deugdelijk waren dan aanvankelijk leek. Naar aanleiding van de affaire-Buck vroeg de wetenschapsjournalist Hans van Maanen zich in 2000 af: 'Wat zou er gebeuren als morgen een ambitieuze beroemde hoogleraar kans ziet een artikel in *Science* te krijgen dat op niets is gebaseerd dan overmatige ambitie en wetenschappelijk knoeiwerk?'[10] Dat elf jaar later een artikel in *Science* zou verschijnen dat gebaseerd was op een totaal verzonnen onderzoek, kon zelfs hij niet bevroeden.

Varianten van fraude

Voor zover uit het eindrapport van de commissie-Levelt valt op te maken, is het bovenstaande onderzoek het enige dat geheel en al door Stapel verzonnen is, en ook het enige waarbij de coauteur niet bij de onderzoeksvoorbereiding, de datacollectie en de statistische analyses betrokken was. Wel waren er tien publicaties waarbij, na een normale onderzoeksvoorbereiding, de complete dataset gefingeerd werd, alle gecreëerd in de periode dat Stapel in Tilburg werkte. Het ging dan meestal om data die verzameld zouden zijn op middelbare scholen. De commissie merkt over deze onderzoeken op dat het alleen al om praktische, logistieke redenen moeilijk voorstelbaar was dat deze onderzoeken ook echt op de beschreven wijze hadden plaatsgevonden.

Hoe verliep zo'n onderzoek in de praktijk?[11] Stapel formuleerde samen met een collega, meestal een van zijn aio's, een onderzoeksvraag en bijbehorende theorie. Voor de toetsing daarvan werden ingenieuze experimentele manipulaties ontworpen

Waarom scholieren?

We konden psychologiestudenten vragen om mee te doen, maar die werden doodgegooid met experimentjes en onderzoekjes en waren daarom zelden heel serieus. Psychologiestudenten [...] hadden les gehad over Stanford Prison en Milgram en cognitieve dissonantie en de fundamentele attributie-fout, en waren zeer argwanend en achterdochtig geworden over het 'echte doel' van elke vragenlijst die ze kregen voorgeschoteld. Ik had een beter idee: scholieren.

Stapel, *Ontsporing*, 174.

en tot in detail voorbereid. Stapel vroeg dan aan de aio een tabel te maken met de verwachte empirische uitkomsten. Vervolgens ging Stapel – zogenaamd – op pad om de onderzoeken uit te voeren, op scholen waarmee hij goed contact had. Vragenlijsten en andere materialen (bijvoorbeeld snoepgoed) werden in de kofferbak van zijn auto gelegd. Hij ging echter niet naar die scholen, maar dumpte alle materialen in een container en kroop vervolgens achter zijn computer om het databestand aan te maken. Stapel gaf dan ofwel het aldus vervaardigde databestand aan zijn onderzoekspartner voor verdere analyse, ofwel hij gaf de resultaten direct in de vorm van tabellen met gemiddelden, standaardfouten, betrouwbaarheden, toetsingsuitkomsten, enzovoort. De aio kon dan direct aan het schrijven van het artikel beginnen.

In andere gevallen was er sprake van normaal voorbereid en uitgevoerd onderzoek, waarbij Stapel gegevens wijzigde in door student-assistenten ingevoerde datasets, zodanig dat de vooraf geformuleerde hypothesen bevestigd werden. Op de schaal van de door Stapel gepleegde fraude is dit te typeren als de 'mini-male' variant – het beschreven onderzoek was wel uitgevoerd, maar de resultaten waren 'aangepast'. Stapel zelf suggereert dat hij dit voor het eerst deed in zijn Groningse periode. In Amsterdam was van fraude nog geen sprake, stelde hij. Aan de commissie liet hij via zijn advocaat weten: 'Cliënt heeft reeds eerder erkend in veel van zijn onderzoek te hebben gefraudeerd. Cliënt heeft eveneens erkend dat hij slordig is geweest, zaken slecht heeft vastgelegd en data van hun mooiste kant heeft laten zien.

Voor zover cliënt zich kan herinneren, is in zijn Amsterdamse periode van fraude echter geen sprake geweest.'[12] De commissie constateerde evenwel dat in 7 van de 32 Amsterdamse publicaties zodanige merkwaardigheden voorkomen dat fraude uiterst waarschijnlijk is.

Van veel publicaties uit zijn Groningse periode wist Stapel niet zeker meer of hij data had gefingeerd of niet; slechts bij 6 van de 21 door de commissie als frauduleus aangemerkte publicaties erkende hij dat het om fraude ging. Voor de Tilburgse periode ligt dit anders: daar gaf hij bij 27 van de 34 frauduleuze publicaties toe dat er sprake was geweest van fraude. Dit patroon van steeds intensievere fraude kwam ook in het enige gesprek dat hij had met de commissie-Levelt, op 15 mei 2012, boven tafel, toen hij zei dat in Tilburg de wijze waarop hij onderzoeken fingeerde 'steeds gekker en sneller en vreemder' werd.[13] 'Ik paste resultaten aan. Ik bedacht resultaten. Ik deed drie experimenten en bedacht het vierde. Ik deed één experiment en bedacht de rest. Ik bedacht alle experimenten. Ik bedacht alles. Ik bedacht het idee, de onderzoeksopzet, het experiment, de resultaten.'[14]

Hoeveel fraude?
Uit onderstaande grafiek blijkt allereerst dat Stapel tot 2001 een stijgende productie aan tijdschriftartikelen had, met een plotselinge korte val daarna, waarna vanaf 2004 een stijgende lijn in-

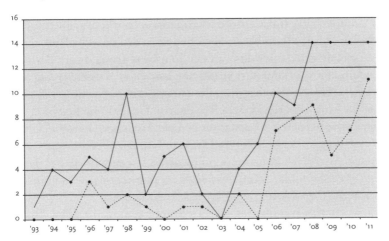

Engelstalige artikelen (zwarte lijn) en frauduleuze artikelen (stippellijn) van Stapel, 1993-2011

trad. Hard bewijs van fraude, via heranalyses op basis van ruwe data, heeft de commissie pas met ingang van de publicaties uit 2004. Vanaf 2006, het jaar dat hij in dienst trad van de Universiteit van Tilburg, nam het aantal frauduleuze publicaties drastisch toe.

De commissie heeft ook vijftien hoofdstukken in boeken onderzocht, waarvoor deels door Stapel gefingeerde gegevens zijn gebruikt.

Daarnaast heeft Stapel ook een kleine zeventig artikelen en boekhoofdstukken in het Nederlands geschreven, in de meeste gevallen samen met de coauteurs van zijn Engelstalige publicaties. In 49 gevallen betreft het vertalingen of bewerkingen van deze internationale publicaties en zijn ze opgenomen in het *Jaarboek Sociale Psychologie* of in zijn voorganger, de reeks *Fundamentele sociale psychologie,* beide uitgegeven door de Associatie van Sociaal-Psychologische Onderzoekers (ASPO). De commissie-Levelt heeft ze in haar onderzoek buiten beschouwing gelaten, omdat ze secundair zijn ten opzichte van de 'internationale' publicaties. Voor de ASPO is het uiteraard van belang te weten welke publicaties in haar jaarboeken moeten worden teruggetrokken. Een aparte commissie, onder voorzitterschap van de Leidse sociaalpsycholoog en ASPO-bestuurslid dr. Wilco van Dijk, is bezig met het controleren van deze publicaties op fraude, een onderzoek dat op het moment van schrijven nog niet is afgerond.[15]

Stapel had 5 tijdschriften waarin hij bij voorkeur publiceerde; 81 van zijn 127 publicaties verschenen in die tijdschriften, over vrijwel de gehele periode van zijn loopbaan (1994-2011). Bovenaan in zijn voorkeurslijst stond het *Journal of Personality and Social Psychology*: 24 van zijn artikelen, ongeveer een vijfde van zijn artikelenproductie, verschenen daarin. Daarvan bleken er 13 op fraude te berusten. Daarna volgden het *European Journal of Social Psychology*, met 19 publicaties (11 frauduleus), het *Personality and Social Psychology Bulletin* (15 publicaties, 8 frauduleus), het *Journal of Experimental Social Psychology* (14 publicaties, 8 frauduleus) en *Social Cognition* (9 publicaties, 2 frauduleus).

Voor zijn publicaties werkte Stapel samen met een groot aantal coauteurs, in totaal zeventig, gerekend over zijn gehele loopbaan. Van de afzonderlijke coauteurs publiceerde hij het meest frequent met zijn mentor en copromotor Wim Koomen van de Universiteit van Amsterdam. Het gaat om maar liefst 26 primaire en 6 secundaire gezamenlijke publicaties, van 1996 tot 2006; daarvan heeft de commissie-Levelt bij 7 artikelen fraude vastgesteld. Ook bij andere senior auteurs ontzag Stapel zich niet om hen met valse gegevens om de tuin te leiden: zijn promotor Joop van der Pligt, de al genoemde Siegwart Lindenberg, de Amerikaanse hoogleraren sociale psychologie Norbert Schwarz en Jerry Suls, en de Nederlandse hoogleraren sociale psychologie Gün Semin, Russell Spears en Karin van der Zee. Sommigen werden meerdere malen getroffen door Stapels fraude, zoals de Amerikanen Hart Blanton (2), Camille Johnson (6), David Marx (5) en Kirsten Ruys (5). (Ruys heeft in september 2012 de wetenschap verlaten om softwareontwikkelaar te worden.) Hoe het komt dat sommige coauteurs populairder waren bij Stapel als doelwit van fraude, wordt uit het rapport van de commissie-Levelt niet duidelijk en evenmin uit *Ontsporing*. Gaat het om mensen die enthousiaster of naïever dan gemiddeld zijn? Of juist berekenender? Of heeft het met de aard en opzet van de onderzoeken te maken?

Opmerkelijk is in dit verband het lot van David Marx, sinds 2003 *research fellow* in de groep van Stapel aan de Rijksuniversiteit Groningen. Hij publiceerde samen met Stapel acht artikelen, waarvan er vijf op frauduleuze gegevens bleken te zijn gebaseerd. Voor hem moet dit bijzonder traumatisch zijn geweest, omdat hij al eerder met een frauderende onderzoeker had samengewerkt, de sociaalpsychologe Karen Ruggiero (Harvard University). Rond 2000 had hij met haar drie artikelen gepubliceerd die achteraf op fraude bleken te zijn gebaseerd. Wrang was dat Ruggiero mede door Marx' toedoen was ontmaskerd. Daarmee sneed hij in eigen vlees: hij kon per saldo ook drie publicaties van zijn eigen lijst schrappen. En nu, met de affaire-Stapel, nog eens vijf.

De genoemde senior coauteurs waren allen gepromoveerde en ervaren onderzoekers die volgens de commissie-Levelt hadden moeten zien dat er ontoelaatbare manipulaties met de gegevens hadden plaatsgevonden. Hoe hadden ze dat kunnen zien? Stapel had de gewoonte om bij het verzinnen van data op simpele wijze de datamatrixen in te vullen. Eerst maakte hij een tabel met de te verwachten resultaten. 'Vervolgens begon ik rij voor rij, kolom voor kolom, mijn eigen data in te kloppen.

Ik probeerde me voor te stellen hoe proefpersonen de vragen zouden beantwoorden. Wat waren redelijke, te verwachten antwoorden? [...] Als ik klaar was, maakte ik de eerste analyses. Vaak kwam het dan niet meteen uit. Terug naar de matrix en gegevens veranderen. [...] Net zo lang tot alle analyses keurig uitkwamen. Ik werkte altijd zo snel mogelijk. Het was een vervelende, misselijkmakende tantaluskwelling, waar ik zo snel mogelijk van af wilde. Ik wilde stoppen, maar ik kon niet. Ik kon stoppen, maar ik wilde niet. Snel, hijgend, over mezelf struikelend op weg naar de finish, typte ik de data in, doodsbenauwd om onderweg te moeten stoppen en de berm vol te kotsen.'[16]

Wanneer data op een dergelijke naïeve manier worden verzonnen, leidt dit tot uitkomsten die in echte data niet of zelden voorkomen: te geringe toevalsfluctuaties, te grote effecten, vreemde multivariate verbanden, enzovoort.[17] Dergelijke afwijkingen kunnen vermeden worden door statistisch meer geavanceerde methoden van datafabricatie te gebruiken. Stapel deed dat niet en hij wist dat hij weinig planmatig te werk ging: 'Had ik dan niet zorgvuldiger, slimmer en berekenender gehandeld? Mijn fraude was rommelig en vlug vlug en zat vol met statistische fouten en eigenaardigheden.'[18]

Ook op een andere manier hadden coauteurs lont moeten ruiken. Zo waren er bijvoorbeeld discrepanties tussen de manier waarop een experiment feitelijk verliep en de weergave daarvan in het uiteindelijke artikel. Coauteurs bleken soms niet eens de specifieke aard van het stimulusmateriaal te kennen. Dat belette hun echter niet om aan het schrijven te gaan en zich daarbij enige creativiteit te veroorloven in de weergave van de experimenten.

Dissertaties

De grootste categorie coauteurs wordt gevormd door aio's voor wie Stapel als (co)promotor fungeerde. Het gaat om dertien 'Groningse' en zes 'Tilburgse' proefschriften. Een aantal proefschriften is door de commissie 'schoon' bevonden. Bij sommige daarvan fungeerde Stapel alleen als copromotor en was hij niet betrokken bij het eigenlijke onderzoek. Bij andere 'schone' proefschriften stond hij kennelijk enigszins op afstand. Bij de door fraude besmette proefschriften ging het om onderzoek dat hij zelf geïnitieerd had of dat zeer dicht bij zijn eigen belangstelling lag. De hoofdstukken uit deze proefschriften waren ook alle als artikel in Engelstalige tijdschriften gepubliceerd (of in review).

In de tabel staat een overzicht van promovendi, proefschrift-titels (en tussen haakjes de promotor(en)). Met een • is aange-geven welke proefschriften 'besmet' zijn door frauduleuze gege-vens. Sommige gepromoveerden zijn door de fraude van Stapel zwaarder getroffen dan andere. Zij publiceerden twee of meer Engelstalige artikelen met Stapel (tussen haakjes de aantallen), bijvoorbeeld Yana Avramova (3) (die vlak voor het bekend wor-den van Stapels fraude een prijs ontving voor haar dissertatie, zie hoofdstuk 1), Janneke Jolij (3) (van wie Lindenberg waar-schijnlijk de hoofdpromotor was), Marret Noordewier (6), Sas-kia Schwinghammer (2) en Debra Trampe (2).

Geen van de promovendi was volgens de commissies op de hoogte van de frauduleuze handelingen van hun promotor. Koesterden zij geen argwaan? Jawel, maar Stapel wist deze door een handige combinatie van verleiden en intimideren te onder-drukken. Hij benadrukte bijvoorbeeld hoe gunstig het voor hen was dat zij van hem kant-en-klare datasets met mooie resultaten kregen aangeleverd. Dat Stapel zelf de experimenten deed, vond bijvoorbeeld de bij hem in Groningen gepromoveerde Lennart Renkema wel merkwaardig, 'want een hoogleraar heeft toch wel wat anders te doen dan dit soort tijdrovende bezigheden met proefpersonen. Maar Stapel had een heel valide verklaring. Hij zei dat hij het experiment in de buurt van Tilburg zou doen, want daar had hij veel contacten.'[19] Op een gegeven moment stuurde Stapel een mailtje met de resultaten, waarin hij ook vast een analyse had gemaakt. 'Vooral die analyse vond ik vreemd. Hoogleraren laten doorgaans eerst de junior onderzoeker de data analyseren, voordat ze er zelf wat mee gaan doen. Maar ik schreef die analyse toe aan zijn enorme betrokkenheid, aan een onbedwingbare nieuwsgierigheid die maakte dat hij vast zelf de resultaten ging bekijken.'

Het was dus in het belang van de promovendi zelf om de in sommige opzichten merkwaardige werkwijze van Stapel te ac-cepteren. Toch stelden sommigen kritische vragen over de data-verzameling en gaven te kennen dat ze graag zelf een deel van de data wilden verzamelen, bijvoorbeeld door mee te gaan naar de middelbare scholen. In eerste instantie wimpelde Stapel dat af. Zelf geeft hij die dialogen als volgt weer: 'Kan ik niet een keer

Proefschriften waarbij Stapel is opgetreden als promotor

- Saskia Schwinghammer (2006) *The self in social comparison* (Stapel, RUG)
- Debra Trampe (2007) *Social influence: Comparison, construal, and persuasion processes* (Stapel, RUG)
- Marcus Maringer (2007) *Feeling one thing, seeing another: Emotion comparison effects in person judgments* (Stapel, RUG)
- Hilbrand Oldenhuis (2007) *I know what they think about us: Metaperceptions and intergroup relations* (Stapel, RUG)
- Sei Jin Ko (2007) *What the voice reveals* (Stapel en Judd)
- Arne van den Bos (2008) *Why we stereotype influences how we stereotype* (Stapel)
- Janneke Joly (2008) *People on our Minds: When humanized contexts activate social norms* (Lindenberg en Stapel, RUG)
- Joris Lammers (2008) *Toward a more social social psychology of power* (Stapel, RUG)
- Sytske van der Velde (2009) *Imitation of emotion: How meaning affects the link between imitation and liking* (Stapel)
- Lennart Renkema (2009) *Facing death together. Understanding the consequences of mortality threats* (Stapel, RUG)
- Judith Grob (2009) *Dial E for Emotion: context and consequences of emotion regulation* (Stapel)
- Marret Noordewier (2009) *Consistency and the unexpected* (Stapel, Tilburg)
- Lida van den Broek (2009) *De ironie van gelijkheid* (Stapel, Tilburg) (buitenpromovendus)
- Carina Wiekens (2009) *Self-Awareness* (Stapel, Tilburg)
- Margriet Braun (2010) *Dealing with a deviant group member* (Otten, Gordijn, Stapel)
- Eleanor Kamans (2010) *When the weak hit back: Studies on the role of power in intergroup conflict* (Otten, Gordijn, Stapel)
- Yana Avramova (2010) *How the mind moods* (Stapel, Tilburg)
- Femke van Horen (2010) *Breaking the mould on copycats: What makes product imitation strategies successful?* (Stapel, Tilburg)
- Marijn Meijers (2011) promotie stond gepland voor oktober 2011, proefschrift door promovenda zelf teruggetrokken.

mee naar een van die scholen, kan ik je niet helpen?' 'Nee, dat willen ze niet.' 'De volgende keer wil ik zelf die data invoeren.

Ik wil niet dat zij het doen.' 'Dat is goed.'[20] Als aio's of studenten bleven aandringen, nam Stapel een intimiderende houding aan. In het rapport-Levelt wordt bijvoorbeeld melding gemaakt van een researchmasterstudente die verdachte patronen in de data met Stapel wilde bespreken en van hem te horen kreeg: 'Als je hier aangenomen wilt worden, moet je laten zien dat je iets af kan maken en de resultaten gewoon opschrijven.'[21]

Terecht beval de commissie-Levelt aan dat de promovendi die getroffen zijn door de frauduleuze handelingen van hun promotor, hun titel kunnen behouden. Ze waren niet betrokken bij de fraude en Stapel leidde ze bovendien op allerlei manieren om de tuin. Maar er is nog een andere, door Levelt niet genoemde reden: afgezien van de dataverzameling zelf hebben deze promovendi bij alle andere aspecten van het onderzoeksproces (literatuurstudie, hypothesevorming, verwerking van de statistische analyses, het schrijven van publicaties) laten zien dat ze de vereiste bekwaamheden hadden verworven.

De eerste stap

Hoe komt een intelligente en succesvolle hoogleraar erbij om gegevens, analyses en zelfs hele onderzoeken te gaan verzinnen? De sociale psychologie zelf zou op deze vraag antwoorden: in bepaalde omstandigheden zijn mensen tot handelingen te brengen die tegen hun normen ingaan. Het begint met kleine normoverschrijdingen en als de situatie het toelaat (of aanmoedigt), kan het al snel van kwaad tot erger gaan. De sociale psychologie biedt hiervan zelf legio voorbeelden, zoals de gehoorzaamheidsexperimenten van Stanley Milgram uit 1963 en het Stanford Prison Experiment van Philip Zimbardo uit 1971.

De eerste stap is dus belangrijk. Iedere kleine grensoverschrijding – het wegwerken van slecht passende data, het verzuimen de bijdrage van een collega aan je artikel te noemen – betekent een aantasting van je zelfbeeld en vervolgens een impuls tot rechtvaardiging van je gedrag. Data verzinnen mag natuurlijk niet, maar dat wordt gecompenseerd door iets positiefs: zo help ik mijn aio's om aan een goede publicatielijst te komen. Dat maakt de volgende misstap niet alleen gemakkelijker, maar je kunt hem zelfs gaan interpreteren als een moreel juiste handeling. Dit is in ieder geval wat Stapel doet in *Ontsporing*: 'Ik dacht aan mijn promovendi en studenten. Ik wilde niet dat ze tegenslag hadden. [...] Ik wilde dat ze zagen hoe mooi en voorspelbaar de wereld was. Ik wilde dat ze vertrouwen kregen in de werkelijkheid, zodat ze vol goede moed voorwaarts konden.'[22]

Maar wat was nu in dit geval de eerste stap? Stapel had naar eigen zeggen een hoge dunk van de sociale psychologie. Hij zag haar als een rijke bron van eenvoudige, elegante experimenten waarmee alledaagse fenomenen in detail konden worden onderzocht. In het laatste jaar van zijn psychologiestudie (1990-1991) was Stapel zelf gaan experimenteren. Soms waren die experimenten succesvol; dan zag hij een glorierijke toekomst al voor zich. Soms ook mislukten ze en dat was voor hem een bron van hevige frustratie: '[...] als ik ergens heel erg in geloofde, als ik heel graag wilde dat het waar was wat ik had bedacht [...] kon ik moeilijk opgeven en probeerde ik het gewoon nog een keer: wat logisch leek moest waar zijn.'[23] Gaandeweg kreeg hij technieken onder de knie om matige resultaten 'op te pompen': extra sessies vastknopen aan experimenten die niet 'werkten', tot het gewenste resultaat was bereikt, succesvolle experimenten uitbreiden met kleine variaties voor evenzovele publicaties, enzovoort.

In *Ontsporing* omschrijft hij zichzelf als een 'onderzoekstornado' die op alle mogelijke manieren data verzamelde: 'Vaak combineerde ik twee, drie, vier onderzoeksideeën in een en dezelfde vragenlijst. Dan ging het nog sneller.' Hij genoot daarvan, maar besefte ook dat sommige van zijn methoden van datavergaring officieel 'niet helemaal door de beugel konden'. Daarom werkte hij het liefst alleen: 'Ik wilde zo veel mogelijk alles zelf doen en ik wilde alles zelf onder controle houden. [...] Ik wilde dat het ging zoals ik het had bedacht en ik wilde het zelf uitvoeren. [...] Ik wilde niet dat het zou mislukken.' De 'grijze' praktijken in dataverzameling en -analyse kwamen in zijn werkomgeving veel voor, zo schrijft hij zelf: 'het was *usance*'. De stap van de in zijn metier gebruikelijke databewerking naar het vervalsen en fingeren van gegevens was niet al te groot, juist door de kennelijk geaccepteerde gewoonte om alleen te werken en pottenkijkers af te weren.

Met bijna zeventig frauduleuze publicaties, als we de categorie evidence of fraud meetellen, is Stapel een grote vis in de fraudevijver. De discussie die zijn zaak onmiddellijk opriep was: is dit een uitzonderlijk geval of het topje van de ijsberg? Of hebben we te weinig empirische gegevens om hierover een uitspraak te doen?

Hoe vaak komt fraude voor?

Het bekend worden van de fraude van Stapel leidde onmiddellijk tot een meningenstrijd. Sommigen meenden dat fraude weinig voorkomt – de fraudeur is niet meer dan een 'rotte appel' – en dat ze altijd ontdekt wordt. De wetenschap zou een groot zelfreinigend vermogen hebben. Zo zei NWO-directeur Jos Engelen: '[...] fraude is wezensvreemd aan de wetenschap. De wetenschap is in haar aard eerlijk. Daar zorgt de wetenschappelijke methode voor. Je trekt je resultaten steeds in twijfel, je daagt andere wetenschappers uit met kritische vragen. Een mens kan soms een beetje oneerlijk zijn, in de wetenschap kan dat niet. Er is maar één manier en dat is volstrekt de wetenschappelijke methode volgen.'[25] Anderen schreven dat de fraude van Stapel het 'topje van de ijsberg' is, dat het veel vaker voorkomt en dat veel gevallen simpelweg niet worden ontdekt.

Deze discussie over de rotte appel versus het topje van de ijsberg staat al beschreven in het beroemde boek *Betrayers of the truth* (1982) van William Broad en Nicholas Wade. Geïnspireerd door dit boek probeerde Frank van Kolfschooten tien jaar later deze vraag voor de Nederlandse situatie te beantwoorden in zijn boek *Valse vooruitgang* (1993). Een door hem uitgezette enquête naar de frequentie van fraude in de Nederlandse wetenschap had echter te kampen met een hoge non-respons. Het was kennelijk een taboeonderwerp. De vraag of er sprake was van een topje van de ijsberg kon hij dus niet beantwoorden, maar wel verzamelde hij een mand met rotte appels: een lange reeks casussen van plagiërende en vervalsende Nederlandse wetenschappers uit allerlei vakgebieden. *Valse vooruitgang* schudde de wetenschappelijke autoriteiten in Nederland wakker.

Was het idee van fraude in de wetenschap tot aan de jaren negentig nog een taboe, tien jaar later hadden alle universiteiten integriteitscommissies waar verdenkingen van fraude gemeld konden worden. Deze klimaatsverandering gaf Van Kolfschooten de hoop via nieuw onderzoek te kunnen achterhalen hoe vaak fraude in de Nederlandse wetenschap voorkomt. Dat bleek moeilijker dan hij verwachtte: ook op basis van de recente, meer nauwkeurige registratie door de universiteiten was de vraag naar de frequentie van frauduleus gedrag door onderzoekers nog steeds niet precies te beantwoorden.[26]

In het buitenland zijn inmiddels diverse enquêtes gehouden onder wetenschappers.[27] Dergelijk onderzoek kampt met een evident probleem: sociaal wenselijke antwoorden. Dat verklaart waarom tussen de studies soms grote verschillen optreden. Een bekend onderzoek is de metastudie van de Schotse onderzoeker Daniele Fanelli uit 2009.[28] Fanelli analyseerde achttien survey-onderzoeken waarin aan wetenschappers gevraagd werd of ze wel eens data hadden verzonnen of gemanipuleerd of dit in hun omgeving waren tegengekomen (het onderzoek had dus niet betrekking op plagiaat). Een kleine 2% van de respondenten gaf toe zich zelf aan dergelijke datamanipulatie bezondigd te hebben en 14% had bij collega's wel eens frauduleus handelen opgemerkt. Een onderzoek van de Amerikaanse Gallup Organization komt tot het iets lagere percentage van 1,5. Zelfs als we uitgaan van dit laagste percentage, treedt er nog altijd meer fraude op dan langs andere wegen (bijvoorbeeld via klokkenluiders) aan het licht komt.

Een voor de hand liggende kwestie is waar men in dit soort onderzoek de grens trekt tussen fraude en 'dubieuze onderzoekspraktijken' (in het Engels aangeduid als *questionable research practices* of QRP's). In het geval van 'data fabriceren' is duidelijk dat er sprake is van fraude. 'Falsificatie' is volgens Fanelli een lastiger categorie: het vervormen van gegevens kan op meerdere manieren gebeuren en hoeft niet per se doelbewust met frauduleuze oogmerken plaats te vinden. Je zou kunnen spreken van een continuüm, lopend van onzorgvuldigheid, via 'bijbuigen' van resultaten, tot fraude. De grens tussen ruis uit de resultaten halen en ze een gewenste kant op buigen, is vaag en kan gemakkelijk overschreden worden zonder dat je er erg in hebt. De intentie om te bedriegen is echter wel cruciaal. Alleen: hoe kom je daar achter? Dat kan eigenlijk alleen door opbiechten, aldus Fanelli, en daar speelt, zoals gezegd, sociale wenselijkheid een rol. Zelfrapportages bieden dus beslist een onderschatting van de feitelijke prevalentie. Dit geldt ook voor vragen over dubieuze onderzoekspraktijken. Maar liefst een derde van Fanelli's respondenten gaf toe zich daaraan zelf bezondigd te hebben en bij bijna driekwart van de collega's had men het wel eens zien gebeuren.

Bekende patronen

De fraude van Stapel past in een bekend patroon. Onderzoeksresultaten die 'te mooi zijn om waar te zijn' leiden eerder tot bewondering dan tot verdenking van fraude. Men schrijft de betreffende onderzoeker bijzondere experimentele vaardigheden toe. De belangrijkste oorzaak van deze neiging is dat je niet verwacht dat je collega of promotor gegevens vervalst of fingeert. Deze doet er op zijn beurt alles aan om verdenking te vermijden. De situatie lijkt op 'normale wetenschap' en kleinere afwijkingen verstoren dit beeld niet. Bij het bekend worden van de fraude klapt ineens alles om en blijken de kleinere afwijkingen – bijvoorbeeld de schitterende uitkomsten van het onderzoek – juist als tekenen van wetenschappelijk wangedrag gezien te moeten worden.

Ook in andere opzichten is het patroon bekend. David Goodstein noemt in zijn boek *On fact and fraud* (2010) drie kenmerken die bij wetenschappelijke fraude vrijwel altijd voorkomen.[29] Allereerst betreft het wetenschappers die carrièredruk ervaren. Dat gold zeker voor Stapel: hij wilde een toonaangevend en bewonderd hoogleraar zijn en die ambitie straalde hij ook uit. Ten tweede hebben frauderus een duidelijk beeld van de resultaten die het onderzoek moet opleveren. Ook Stapel had op basis van de literatuur en eerder onderzoek nadrukkelijke verwachtingen omtrent de uitkomsten van zijn experimenten. Nieuw onderzoek moet in een bestaande denklijn passen, maar er door uitmuntende resultaten ook boven uitsteken. Ten slotte werken fraudeurs in een vakgebied waar men niet mag verwachten dat afzonderlijke experimenten exact repliceerbaar zijn. In Stapels vakgebied, de sociale psychologie, geldt exacte replicatie formeel wel als methodologische standaard, maar zeker niet als informele norm. Men 'weet' dat exacte replicatie uiterst moeilijk is, als gevolg van de variabiliteit van de sociale werkelijkheid. Bevindt zich hier de achilleshiel van de experimentele sociale psychologie? Daar kom ik op terug.

Kenmerkend is ook het zelfgekozen isolement: fraudeurs werken graag alleen, vaak op uren en plaatsen waar er geen anderen aanwezig zijn. Labboeken worden niet (goed) bijgehouden, ruwe gegevens verdwijnen en er treden allerlei slordigheden op in de verwerking van data die niet of moeilijk te herstellen zijn. Wanneer een hele onderzoeksgroep of -gemeenschap aan een dergelijke rommelige situatie gewend is, valt fraude minder op. Ook is in zo'n situatie de stap van geaccepteerde datamassage naar datavervalsing gemakkelijker gezet en minder opvallend. Een laatste factor die bij fraudegevallen vaker voorkomt, is onachtzaamheid van de collega's. Iedereen heeft het druk, men wil vooruit, mooie resultaten zijn welkom – en dan wordt men allicht iets minder kritisch in het nalopen van de tabellen en redeneringen van een artikel in wording. Het is dit type onderzoekscultuur dat door de commissie-Levelt is aangeduid als 'slodderwetenschap'. Daarover gaat het volgende hoofdstuk.

3 Slodderwetenschap

Melodramatic as allegations of fraud can be, most scientists would agree that the major problem in science is sloppiness. In the rush to publish, too many corners are cut too often.

David L. Hull, Scientists behaving badly, *The New York Review of Books*, 3 dec. 1998, 15-16.

In 1998 ontvangt Diederik Stapel de Jos Jaspars Award, een prijs voor jong talent van de European Association for Social Psychology.[1] De prijs is vooral voor de eer. Er is geen geldbedrag aan verbonden. De winnaar wordt in de gelegenheid gesteld een rede te houden over een onderwerp naar keuze voor een internationaal gezelschap sociaalpsychologen. Op 15 juli 1999 is het zover: Stapel betreedt het podium in het Oxford Playhouse. Hij is dan 32 jaar oud en vol zelfvertrouwen. Hij geeft vol verve zijn visie op de rol van het experiment in de sociale psychologie: dat dient in de eerste plaats om je verwachtingen te bevestigen, niet om ze te weerleggen.

Al doende schetst hij een levendig beeld van hoe het er in de praktijk, althans *zijn* praktijk, aan toegaat: 'We design an experiment and go to our lab to test our conjectures. And then what happens? Our experiment fails. We don't find what we expected to find. Moreover, we find something we cannot explain. We tweak and fine-tune the experimental set-up until we find something we do comprehend, something that Works, something with a P-value smaller than .05. Champaign! Celebration!' Wanneer het experiment niet brengt wat je wilt, ga je net zo lang sleutelen aan de onderzoeksopzet tot dat wel het geval is. Je zet, kortom, alles op alles om te zorgen dat het experiment 'lukt'. In de sociale psychologie is daar alle ruimte voor: 'The leeway, the freedom we have in the design of our experiments is so enormous that when an experiment doesn't give us what we are looking for, we blame the experiment, not our theory. (At least, that is the way I work). Is this problematic? No. [...]

we find what we are looking for because we design our experiments in such a way that we are *likely* to find what we are looking for. Of course!'

Confirmatiebias

Stapel gaat hier openlijk in tegen het credo in de methodologieleerboeken binnen de sociale wetenschappen dat luidt: experimenten moeten zo opgezet worden dat ze een kritische toets vormen voor je hypothesen. Ze moeten deze dus kunnen weerleggen. Voor Stapels gehoor lijkt deze recalcitrantie geen probleem te zijn. Er wordt niet geprotesteerd. Een halfjaar later verschijnt de tekst in het *European Bulletin of Social Psychology*.[2] En nog weer een halfjaar later wordt Stapel hoogleraar in de cognitieve sociale psychologie aan de Rijksuniversiteit Groningen.

Voor de commissie-Levelt zijn Stapels uitlatingen een indicatie voor een ernstige afwijking van de regels van ordentelijk sociaalwetenschappelijk onderzoek. In wezen zegt Stapel dat data ondergeschikt zijn aan de theorie en van daaruit verklaart de commissie dat bij Stapel en zijn omgeving 'lang niet altijd de vereiste nauwkeurigheid ten aanzien van de data werd nagekomen'. Voor de commissie is het falsificatiebeginsel de norm en zijn de opvattingen en praktijken van Stapel een afwijking. Bij hem en zijn omgeving is sprake van *confirmatiebias* of *verificatiebias*. Deze afwijking is met name problematisch wanneer onderzoekers actief ingrijpen om resultaten 'mooier' te maken voor de beoogde publicatie.

In haar rapport geeft de commissie-Levelt drie voorbeelden van dergelijke manipulaties.[3] Voorbeeld één: wanneer een experiment niet het verwachte resultaat geeft, wordt het (met kleine variaties) herhaald, en men rapporteert in de publicatie alleen over het experiment dat wel de verwachte waarden oplevert. Een tweede voorbeeld: in een experiment worden drie condities getoetst; als de hypothese klopt, moet elke conditie een specifiek resultaat te zien geven; twee condities doen dat, de derde niet; in het artikel worden alleen de uitkomsten van de twee positieve condities vermeld. En ten slotte: een experiment bevestigt niet de hypothese, maar als de gegevens van een of twee proefpersonen worden verwijderd, zou die bevestiging er wel zijn; aldus geschiedt en voor die verwijdering wordt dan achteraf een acceptabele reden verzonnen.

Enkele concrete voorbeelden, een kleine greep uit de talloze slordigheden en vaagheden, zijn de volgende.

- De onderzoeksgroep werd slechts zeer globaal aangeduid, bijvoorbeeld scholieren in Nederland.
- Er werd verwezen naar een bestaand meetinstrument, maar onvermeld bleef dat hiervan een eigen variant gebruikt was.
- Waar een zeven-puntsschaal gebruikt was, werd een vijf-puntsschaal gemeld.
- Gerapporteerd werd dat 'aantrekkelijkheid' gemeten was door middel van de opinie van een andere aanwezige bij het experiment, maar het ging in feite om zelfbeoordeling.
- Niet gemeld werd dat het experiment in een sessie had plaatsgevonden waarin nog meer experimentele condities gevarieerd werden en nog meer afhankelijke variabelen werden gemeten. Zulke metingen kunnen elkaar beïnvloeden.
- De vermelde aantallen proefpersonen weken soms naar beneden af van het feitelijk onderzochte aantal; had men alleen een deelgroep onderzocht?
- In de datasets kwamen meer variabelen voor dan vermeld in het artikel, maar ook het omgekeerde was het geval: was die informatie, onvermeld, uit andere experimenten met dezelfde personen gehaald?
- Een veelgehanteerde techniek in de onderzochte publicaties is ook het hanteren van zogenaamde *fillers*. Dit zijn afleidingsmanoeuvres die de proefpersoon de indruk geven van een relevante variabele, maar die niet in de analyse worden opgenomen. Dit dient te worden gemeld, maar dat werd doorgaans achterwege gelaten.
- Missing data werden naar aard en omvang niet gemeld, maar simpelweg onvermeld uit de analyse weggelaten.
- 'Namen' (John, Mary) die vaak een belangrijke rol spelen in de experimentele condities werden in het artikel verzonnen of verdraaid ten opzichte van de werkelijke gebruikte namen, of onvermeld gelaten.

Deze en veel andere slordigheden in de onderzochte publicaties geven het beeld van een onderzoeksomgeving rond de heer Stapel waarin het zorgvuldig en kritisch omgaan met onderzoek en data niet hoog in het vaandel stond en geen onderdeel uitmaakte van de praktische onderzoeksopleiding van promovendi.

Commissie-Levelt, *Falende wetenschap*, 52.

In de overgrote meerderheid van Stapels publicaties was er – behalve allerlei frauduleuze handelingen – volgens de commissie sprake van 'schending van de regels van behoorlijk wetenschappelijk onderzoek', zoals in de voorbeelden hierboven. Verder bevatten de publicaties onvolledige of foutieve informatie over gevolgde onderzoeksprocedures en allerlei statistische onvolkomenheden. Het geheel overziend, constateerde de commissie het bestaan van 'een onderzoekscultuur die te zeer gericht is op het onkritisch vaststellen van het eigen gelijk en [...] op het vinden van interessante maar theoretisch oppervlakkige adhocresultaten', alsook een slordige, selectieve en niet-kritische omgang met onderzoek en data.[4] Wanneer de commissie aan de coauteurs van Stapel voorbeelden voorlegde van verificatiebias en onnauwkeurigheden als hierboven aangeduid, was vaak de reactie: dat hebben wij zo geleerd, zo doen wij dat, dat is in ons vakgebied de gewoonte.

Tussen ordentelijk wetenschappelijk onderzoek en fraude ligt dus een uitgebreid grijs gebied waar onderzoekers 'bochtjes afsnijden' om met betere resultaten voor de dag te komen. Het is onderzoekswerk dat niet door de beugel kan van de officiële methodologie. Misschien gebeurt het niet expres en weet men niet beter, maar het is in ieder geval 'sloppy science', door Levelt vertaald als 'slodderwetenschap'. Het is een genre waar nette onderzoekers zich niet aan bezondigen.

Boze sociaalpsychologen

Doorgaans wordt in de rapportage over fraudegevallen de fraudeur afgebeeld als iemand die zijn goedwillende collega's bedriegt. De omgeving is brandschoon, de boosdoener pikzwart. Dat de fraude zo lang kan voortduren, ligt geheel en al aan de kracht van het bedrog van de fraudeur. De goedgelovigheid van de collega's vloeit dan voort uit een van de grondpijlers van de wetenschap: vertrouwen in andere onderzoekers.

De commissie-Levelt brak met deze praktijk: zij zocht ook naar factoren in de omgeving. Die vond ze, met als belangrijkste de confirmatiebias: wanneer het toewerken naar de gewenste uitkomst normaal wordt gevonden, wordt de kritische functie van het experiment uitgehold en groeit de neiging om het ook in andere opzichten niet zo nauw te nemen.

Het zou in de rede liggen om dan te concluderen dat een dergelijke praktijk zich beperkt heeft tot de directe omgeving van Stapel. Dan zou in ieder geval de besmetting geïsoleerd kunnen worden en de sociale psychologie als geheel gevrijwaard. Hoewel de commissie expliciet schrijft niet te kunnen en willen concluderen dat de gehele sociale psychologie gekenmerkt wordt door slodderwetenschap, zijn haar conclusies toch tamelijk vernietigend voor het vakgebied. Stapel publiceerde samen met maar liefst zeventig coauteurs. Die waren niet alleen goed van vertrouwen, ze waren ook weinig alert. Veel van de publicaties waren bovendien ook door promotiecommissies beoordeeld, en alle publicaties zijn voorwerp geweest van reviewprocedures door toonaangevende internationale wetenschappelijke tijdschriften in de sociale psychologie. Gegeven de grote aantallen frauduleuze artikelen en daarnaast de vele methodologische en statistische onvolkomenheden die de commissie aan het licht bracht, kon ze niet anders dan concluderen dat er 'op grote schaal' en 'van hoog tot laag sprake was van falende wetenschap' en dat daarmee 'ook aan de discipline zelf een aantal aspecten kleeft die uit het oogpunt van wetenschappelijkheid en wetenschappelijke integriteit als ongelukkig of zelfs onjuist moeten worden aangemerkt'.[5]

De conclusie dat er in de sociale psychologie sprake zou zijn van slodderwetenschap, kwam de commissie op 5 december 2012, een week na de verschijning van het eindrapport, te staan op een woedende open brief van emeritus-hoogleraar sociale psychologie Wolfgang Stroebe in het digitale universiteitsblad (DUB) van de Universiteit Utrecht. Hij betichtte de commissie-Levelt van een 'breathtaking ignorance of the vast literature on scientific misconduct', omdat zij de suggestie zou wekken dat fraude typerend is voor de sociale psychologie. In dezelfde week eiste de *European Association of Social Psychology* (EASP) in een officiële verklaring rectificatie van het rapport-Levelt.[6] Men had gehoopt dat de commissie rust zou brengen, dat de kous af zou zijn doordat zij een finaal oordeel over de fraude van Stapel zou vellen. In plaats daarvan koos de commissie-Levelt ervoor een heel vakgebied in diskrediet te brengen door er het etiket 'slodderwetenschap' op te plakken, aldus de EASP.

Het opiniestuk van Stroebe werd op de website van DUB gevolgd door een reeks steunbetuigingen van vooraanstaande sociaalpsychologen, waaronder diverse hoogleraren die coauteur waren bij de publicaties van Stapel. Zo schreef Russell Spears, hoogleraar sociale psychologie aan de Rijksuniversiteit Groningen en voorheen collega van Stapel aan de Universiteit van Amsterdam, dat Levelt ten onrechte de sociale psychologie centraal stelt als oord van fraude. Zelf noemt hij zich ook slachtoffer van Stapel (van de zeven publicaties die Spears samen met hem publiceerde, was er volgens de commissie één frauduleus). Ook Norbert Schwarz (Universiteit van Michigan), bij wie Stapel in de vroege jaren negentig als onderzoeker werkte en met wie hij samen drie artikelen had gepubliceerd (één frauduleus), liet zich niet onbetuigd: 'De commissies geven een slodderkritiek op een slodderwetenschap, duidelijk ingenomen met de helderheid van hun eigen wijsheid achteraf en overlopend van ongegronde grote beweringen.'

Uit sommige reacties van hooggeleerden kan worden opgemaakt dat zij het rapport van de commissie-Levelt met een rood waas voor de ogen gelezen hebben. Een paar voorbeelden. Het oordeel van de commissie-Levelt op basis van een enkel fraudegeval is 'oneerlijk, onacceptabel en intellectueel onverantwoordelijk', het loopt uit op 'een ongerechtvaardigde heksenjacht' op de sociale psychologie (Kruglanski, Maryland). Het bestrijden van fraude is waarschijnlijk onmogelijk, maar het wordt niet gemakkelijker gemaakt door 'luie intellectuele argumenten die een heel veld van onderzoek en de grote meerderheid van zijn eerbare beoefenaars belasteren' (Hewstone, Oxford). Een ander (Jeff Sherman) laakt het uitgangspunt van de commissie dat 'de handelingen van Stapel voorkomen hadden kunnen en moeten worden, en dat er iemand of iets buiten Stapel zelf verantwoordelijk zou zijn'. En Fritz Strack (Würzburg) schreef: 'Het rapport is een uitnemend voorbeeld van slodderwetenschap. [...] Ik betwijfel of de beweringen de toets van peer review en redactionele kritiek van welk wetenschappelijk tijdschrift dan ook zouden doorstaan.'

Ook in het tijdschrift van de Britse psychologen verscheen kritiek op het eindrapport van de commissie-Levelt en de redactie vroeg Levelt om daarop te reageren. Deze vatte nog eens samen wat doel en uitkomst van het commissiewerk waren geweest, en merkte vervolgens op dat bijvoorbeeld het tijdschrift *Perspectives on psychological science* in november 2012 op hoofdpunten de bevindingen en aanbevelingen van de commissie-

Levelt ondersteunde: 'Is er op dit moment een vertrouwens-crisis in de psychologische wetenschap die een nog nooit ver-toonde twijfel onder haar beoefenaren weerspiegelt over de betrouwbaarheid van onderzoeksbevindingen op haar domein? Dat lijdt geen twijfel.'[7]

Intussen hebben de conclusies van de commissie-Levelt nog steun gekregen door een enquête onder leden van de Society for Personality and Social Psychology. Op een schaal van 1 tot 7 was het gemiddelde op de vraag: 'in welke mate vertrouwt u de con-clusies van de commissie?' 5.69 en op de vraag: 'in welke mate heeft het "systeem" (hoe de dingen doorgaans gaan in het vak-gebied) de fraude in de hand gewerkt?' was het gemiddelde 4.89. Op de vraag of men denkt dat ook andere sociaalpsychologen zich met wetenschappelijk wangedrag bezighouden, is het ge-middelde 4.28; toch moeten sociaalpsychologen elkaar vertrou-wen (5.37).[8]

Gebrek aan oplettendheid?

Hadden de *promotiecommissies* van de promovendi van Stapel moeten opmerken dat er in een groot aantal gevallen sprake was van gefingeerde of vervalste data? Misschien wel, maar in de hedendaagse praktijk bestaan proefschriften doorgaans uit artikelen die door gezaghebbende internationale tijdschriften geaccepteerd zijn. Moet je het als promotiecommissie dan beter willen weten? Je beoordeelt in die situatie allereerst de samen-hang en het theoretisch gehalte van het proefschrift als geheel. Mooie empirische bevindingen wekken daarbij eerder enthou-siasme dan argwaan.

De artikelen van Stapel en zijn coauteurs werden in meerder-heid gepubliceerd in toptijdschriften in de sociale psychologie. Hadden de reviewers niet moeten opmerken dat er gefraudeerd was? Was er sprake van reviewer *blindness?* Strikt genomen wel, maar de geschiedenis leert dat fraude bijna nooit ontdekt wordt door reviewers – ook niet in andere vakgebieden. Reviewers neigen ertoe de data en de andere gegevens over het onderzoek voor kennisgeving aan te nemen, en zich te concentreren op de bevindingen en conclusies. Dit kan ook verklaren waarom aller-lei vormen van confirmatiebias niet werden opgemerkt. Het is nog erger: de editors en reviewers van tijdschriften stimuleer-den deze zelfs.

In het eindrapport van de commissie-Levelt worden hiervan diverse voorbeelden gegeven.[9] Vanuit het tijdschrift vroeg men dan om bepaalde variabelen weg te laten teneinde de redenering en lijn van het verhaal strakker te maken. Ook werd wel gevraagd om bepaalde condities waarin geen effecten waren gevonden hoewel ze wel verwacht waren, onvermeld te laten. Soms drongen reviewers aan op het alsnog achteraf doen van pilotstudies, die dan gerapporteerd werden als vooraf uitgevoerd, zodat de gebruikte experimenten en items konden worden gelegitimeerd.

Dit is allemaal niet in de haak, maar is het typerend voor de sociale psychologie? David Goodstein schrijft in *On fact and fraud* dat meedogenloze eerlijkheid zeldzaam is, ook in de wetenschap. We maken de zaken altijd iets mooier, aldus Goodstein, we doen het in onze publicaties voorkomen alsof het beschreven onderzoek een triomftocht was van de ene waarheid naar de volgende. Wetenschappelijke experimenten verlopen vaak echter chaotisch en dan weet je nooit precies wat er gaande is. Als je uiteindelijk doorhebt wat het allemaal inhield, portretteer je het experiment als een reeks logische stappen. Zo kon de Nobelprijswinnaar Peter Medawar in 1964 schrijven: 'the scientific paper is a fraud'. Ook de Nederlandse astrofysicus Vincent Icke geeft een dergelijk beeld: 'Wij knoeien allemaal. Dat kan ook niet anders, want wat je publiceert is het topje van de berg gegevens of berekeningen. Allicht dat je daar de mooiste top voor kiest, of die welke het best overeenkomt met... ja, met wat? Je eerdere resultaten, of die van anderen? Met je vooroordeel? Je moet toch *iets* kiezen uit die stapel. *To do physics, you've gotta have taste,* zei Richard Feynman. Goede smaak bij het kiezen van een probleem, maar ook voor wat je wel en niet serieus neemt. De kunst van het weglaten bestaat ook in de wetenschap. [...] Maar dat is iets anders dan bewust de kluit belazeren.'[10]

In hoeverre is dit 'mooier maken' bedrog? Strikt genomen is het dat, maar tot op zekere hoogte is het onvermijdelijk. Het opschrijven van alles wat je gedaan hebt, leidt tot een onleesbare brij. Maar er zijn wel grenzen aan de 'misrepresentatie', en waar die liggen, leer je in je vorming tot wetenschapper. Stapel lardeerde zijn eerste schrijfpogingen in de wetenschap met uitgebreide literatuuroverzichten en onderzoeksverslagen: 'Ik vond dat ik zelf alles moest vertellen zoals ik het zelf stapje voor stapje had bedacht, maar na een aantal koppige pogingen begreep ik dat niemand daarop zat te wachten. [...] Als ik een artikel schreef, moest ik me met een dwingende, goedlopende argumentatielijn, zonder al te veel poespas, richten op de *context of justification*.'[11] Wetenschap is overtuigen, zo leerde Stapel – en daarvoor golden in zijn vakgebied codes die hij zich met vallen en opstaan eigen maakte.

Die codes en die grenzen kunnen per vakgebied – per discipline en zelfs per subdiscipline – verschillen. In een interview uit 2006, dus lang voor de affaire-Stapel op zijn weg kwam, noemde Levelt het experiment 'zijn basis voor serieuze wetenschapsbeoefening'. Als je er goed mee omgaat, houden experimenten je eerlijk: 'De bedoeling is dat je een haarscherpe theorie formuleert, die je vervolgens zelf onderuit probeert te halen. Uit experimenten komen nieuwe gegevens voort, en die bevestigen zelden precies wat je verwachtte. Het is natuurlijk niet leuk om erachter te komen dat je theorie niet helemaal klopt, maar zo leer je wel dat de werkelijkheid anders in elkaar zit dan je had verzonnen.'[12] Met deze typering heeft Levelt de popperiaanse methodologen aan zijn zijde, maar is het ook een reële typering van de feitelijke gang van zaken in wetenschappelijk onderzoek?

De al genoemde Goodstein vroeg zich bijvoorbeeld af of het reëel is te eisen dat ieder experiment zo moet worden opgezet dat het een hypothese kan falsifiëren.[13] Vaak zijn er allerlei hulpassumpties in het spel, waardoor je – bij uitblijven van het verwachte resultaat – niet weet wat er nu gefalsifieerd is. Het is dus niet irrationeel om aan je hypothese vast te houden, zeker in de beginfase van een project. Hoe dan ook is het voor de meeste onderzoekers extreem moeilijk om een popperiaanse houding tegenover hun eigen werk aan te nemen. Je zou zelfs kunnen verdedigen dat de wetenschapper tot taak heeft belangrijke ideeën zo voordelig mogelijk te presenteren – laat anderen maar proberen je bevindingen onderuit te halen. Dit veronderstelt echter wel dat je je onderzoeken zo eerlijk en nauwkeurig mogelijk weergeeft. En het veronderstelt dat je bereid bent serieus naar kritiek en 'tegenonderzoeken' te kijken. Daaraan schort het nog wel eens.

Bargh-gate

Voor de sociaalpsychologen was 2012 ook los van het rapport-Levelt een zwaar jaar. In juni 2012 was bekend geworden dat de

Prof.dr. Daniel Kahneman

Belgische sociaalpsycholoog Dirk Smeesters, werkzaam aan de EUR, in minstens twee van zijn artikelen gebruik had gemaakt van vervalste gegevens. Dit was bij toeval ontdekt door de Amerikaanse 'datadetective' Uri Simonsohn, die een statistische methode had ontwikkeld om fraude op te sporen.[14] Smeesters erkende dat hij de fout in was gegaan, maar hij stelde ook dat de aanpassingen die hij in de data had aangebracht gangbaar waren in zijn vakgebied. Er was dus hoogstens sprake van dubieuze onderzoekspraktijken.

Op 26 september 2012 kwam een e-mail in de openbaarheid die de befaamde psycholoog Daniel Kahneman, Nobelprijswinnaar in de economie, had gestuurd aan onderzoekers op het gebied van *social priming* (zie kader hieronder). Bij priming, een in de sociale psychologie veelgebruikte methode, worden proefpersonen door middel van een taak onbewust op een bepaald been gezet, waardoor hun gedrag in een daaropvolgende conditie beïnvloed wordt. (We zagen er al voorbeelden van in hoofdstuk 1, bij de beschrijving van het 'vleesonderzoek'.) Er was in de wereld van de sociale psychologie ophef ontstaan doordat – na twee decennia – vergeefs gepoogd was een klassiek experiment exact te repliceren.

Het ging om een onderzoek van de Amerikaanse psycholoog John Bargh (Yale University). Proefpersonen hadden de opdracht gekregen om zinnen te maken uit een verzameling losse woorden. De ene helft van de proefpersonen – de experimentele groep – kreeg woorden te verwerken die betrekking hadden op ouderen, de andere helft – de controlegroep – kreeg neutrale woorden. Na het inleveren van de opdracht moesten ze de zaal verlaten en van iedere proefpersoon werd nauwkeurig geklokt hoe lang hij of zij daarover deed. Het bleek dat de proefpersonen uit de experimentele groep aanzienlijk langer deden over het verlaten van de zaal dan de anderen. Dit is een klassiek voorbeeld van primingonderzoek: geef mensen een stimulus (de 'prime'), zonder dat ze doorhebben dat deze een bepaald verband heeft met gedrag dat ze later (moeten) vertonen.

In 1996 werd het resultaat van een reeks van primingonderzoeken door Bargh en zijn collega's gepubliceerd in het toptijdschrift van de internationale sociale psychologie, het *Journal of Personality and Social Psychology*. Het artikel werd tot op de dag van vandaag meer dan tweeduizend maal aangehaald en behoort daarmee tot het standaardrepertoire van de sociale psychologie. Recente pogingen om via een nauwkeurige, directe replicatie van het oorspronkelijke onderzoek tot identieke bevindingen te komen, mislukten echter. De 'replicatoren', de Belgische onderzoeker Stéphane Doyen en zijn collega's, gaven zich veel moeite om hun onderzoek in reguliere sociaalpsychologische tijdschriften gepubliceerd te krijgen, maar kregen overal nul op het rekest. Ze weken daarom uit naar het internettijdschrift *PloS One,* dat hun onderzoek in januari 2012 publiceerde. De onderzoekers probeerden een verklaring te vinden voor hun nulresultaat, en suggereerden dat de proefpersonen in het oorspronkelijke experiment van Bargh mogelijk onbewust beïnvloed waren door de proefleider. Dit werd opgepikt door de wetenschapsjournalist Ed Yong, die er een pittig stuk over schreef op zijn blog *Not exactly rocket science.*[15]

Hierop publiceerde Bargh op zijn blog een woedende reactie, met een reeks van beschuldigingen en verwijten aan het adres van de replicatoren. Zij zouden hun vak niet verstaan en slecht op de hoogte zijn van de werkwijze in de experimentele sociale psychologie. Bovendien was volgens Bargh *PloS* geen serieus wetenschappelijk medium. Ed Yong zette hij weg als een op-

From: Daniel Kahneman
Sent: Wednesday, September 26, 2012 9:32 AM
Subject: A proposal to deal with questions about priming effects

Dear colleagues,

I write this letter to a collection of people who were described to me (mostly by John Bargh) as students of social priming. There were names on the list that I could not match to an email. Please pass it on to anyone else you think might be relevant.

As all of you know, of course, questions have been raised about the robustness of priming results. The storm of doubts is fed by several sources, including the recent exposure of fraudulent researchers, general concerns with replicability that affect many disciplines, multiple reported failures to replicate salient results in the priming literature, and the growing belief in the existence of a pervasive file drawer problem that undermines two methodological pillars of your field: the preference for conceptual over literal replication and the use of meta-analysis. Objective observers will point out that the problem could well be more severe in your field than in other branches of experimental psychology, because every priming study involves the invention of a new experimental situation.

For all these reasons, right or wrong, your field is now the poster child for doubts about the integrity of psychological research. Your problem is not with the few people who have actively challenged the validity of some priming results. It is with the much larger population of colleagues who in the past accepted your surprising results as facts when they were published. These people have now attached a question mark to the field, and it is your responsibility to remove it.

I am not a member of your community, and all I have personally at stake is that I recently wrote a book that emphasizes priming research as a new approach to the study of associative memory – the core of what dual-system theorists call System 1. Count me as a general believer. I also believe in a point that John Bargh made in his response to Cleeremans, that priming effects are subtle and that their design requires high-level skills. I am skeptical about replications by investigators new to priming research, who may not be attuned to the subtlety of the conditions under which priming effects are observed, or to the ease with which these effects can be undermined.

My reason for writing this letter is that I see a train wreck looming. I expect the first victims to be young people on the job market. Being associated with a controversial and suspicious field will put them at a severe disadvantage in the competition for positions. Because of the high visibility of the issue, you may already expect the coming crop of graduates to encounter problems. Another reason for writing is that I am old enough to remember two fields that went into a prolonged eclipse after similar outsider attacks on the replicability of findings: subliminal perception and dissonance reduction.

I believe that you should collectively do something about this mess. To deal effectively with the doubts you should acknowledge their existence and confront them straight on, because a posture of defiant denial is self-defeating. Specifically, I believe that you should have an association, with a board that might include prominent social psychologists from other fields. The first mission of the board would be to organize an effort to examine the replicability of priming results, following a protocol that avoids the questions that have been raised and guarantees credibility among colleagues outside the field. [...]

pervlakkige internetjournalist. Zowel de replicatoren als Yong lieten dit niet op zich zitten, en ook anderen gingen zich ermee bemoeien. Norbert Schwarz, die we ook al tegenkwamen als criticus van het rapport-Levelt, typeerde de replicatoren als publiciteitszoekers, vergelijkbaar met degenen die de consensus over het broeikaseffect aanvochten. Een rel was geboren.

Kahneman, *grand old man* van de sociale en economische psychologie, bovendien overtuigd van de werkzaamheid van het primingmechanisme, probeerde met zijn e-mail de gemoederen te bedaren én een wetenschappelijk waardige uitweg uit de replicatieproblemen voor te stellen. Door de onzakelijke discussie dreigt het primingonderzoek het symbool te worden voor twijfelachtig psychologisch onderzoek, aldus Kahneman. Mislukte replicaties zijn niet het echte probleem. Het echte probleem is dat buitenstaanders nu aan de waarde van het primingonderzoek als zodanig gaan twijfelen. Als er niets gebeurt, raakt het hele gebied in diskrediet, met alle gevolgen van dien, met name voor jonge onderzoekers. Daarom stelde Kahneman voor om systematisch een reeks primingreplicaties uit te voeren.

Subtiele technieken

Betekenen de mislukte replicaties van het klassieke primingonderzoek nu ook dat de mechanismen achter priming verworpen moeten worden? Die conclusie gaat te ver, om allerlei redenen. Volgens veel onderzoekers is het precies nadoen van oorspronkelijke experimenten (exacte replicaties) heel lastig, bijvoorbeeld als gevolg van culturele verschillen of veranderde tijden. De Nijmeegse sociaalpsycholoog Daniel Wigboldus zegt hierover, terugkijkend naar de experimenten van Bargh: 'Begrippen die in de Verenigde Staten met ouderdom worden geassocieerd – de staat Florida bijvoorbeeld – zijn niet een-op-een te vertalen in Europese begrippen. [...] Daar komt bij dat ons beeld van ouderen sinds 1996 behoorlijk is veranderd; we denken nu veel meer aan dynamische gepensioneerden, om maar iets te noemen.'[16] Daarom kiezen sociaalpsychologen er vaak voor om *conceptuele* replicaties te doen: experimenten met een andere inhoud die echter wel een beroep doen op hetzelfde onbewuste mechanisme.

Het primingonderzoek is in de loop van de tijd sterk gespecialiseerd en verfijnd, aldus Bargh. Men vermoedt nu dat er bij primingeffecten sprake is van 'verborgen tussenschakels' *(hidden moderators)*, gevoelige condities die het lastig maken om het experiment te laten 'lopen'. Buitenstaanders die dergelijke experimenten proberen uit te voeren zonder de literatuur goed te kennen en zelf uitgebreid ervaring in het onderzoek te hebben opgedaan, zullen hun replicaties onvermijdelijk zien mislukken: 'ze bewijzen alleen maar dat ze niet goed zijn in sociale psychologie', aldus Bargh.

Ook volgens Kahneman zijn exacte replicaties lastig: 'primingeffecten zijn subtiel en hun ontwerp vergt vaardigheden van hoog niveau'. Voor priming is dat misschien nog wel lastiger dan 'voor andere takken van de experimentele psychologie, omdat ieder primingonderzoek vereist dat men een nieuwe experimentele situatie bedenkt'. Wanneer onderzoekers onervaren zijn op het gebied van primingonderzoek, is het niet verwonderlijk als ze er niet in slagen het oorspronkelijke resultaat te repliceren. Kleine wijzigingen in experimentele protocollen kunnen de effecten al tenietdoen. Het uitvoeren van dergelijke subtiele experimenten lijkt op het regisseren van een theatervoorstelling, aldus Kahneman. Triviale details als de dag van de week of de kleur van de wanden van een kamer kunnen de effecten al beïnvloeden en dergelijke subtiliteiten komen nooit in de methodesecties terecht. De manipulatie moet heel nauwkeurig het gewenste effect veroorzaken, en dat kan niet iedereen: 'Bargh heeft een talent dat niet iedereen heeft.'[17]

Een dergelijke uitspraak betekent dat zodanig hoge eisen worden gesteld aan het uitvoeren van replicatiestudies dat het oorspronkelijke idee: 'rapporteer nauwkeurig wat je gedaan hebt, zodat iedereen je resultaat zelf kan controleren', niet opgaat. Tegen deze moeilijkheid was Stapel overigens in het begin van zijn loopbaan ook al op gelopen. Toen zijn pogingen om onderzoek te repliceren op basis van de methodeparagrafen in de literatuur mislukten, vroeg hij aan de onderzoekers om hun stimulusmateriaal. Hij ontving daarop – dat ging toen nog per post – stapels instructies, vragenlijsten en ander materiaal. Vaak zat er een briefje bij met extra instructies en uitleg: 'Dit experiment werkt alleen als je *vriendelijkheid* of *aardigheid* meet. Met *leuk* of *aangenaam* of *fijn* werkt het niet. Ik weet niet waarom.' 'Na het lezen van het krantenartikel moet je mensen altijd drie minuten iets anders te doen geven. Niet langer, niet korter, anders werkt het niet.' 'Deze vragenlijst werkt alleen als je hem afneemt in groepjes van drie tot vijf mensen. Niet groter.'[18]

Harry Collins stelt in zijn boek *Changing order*, over replicatie en inductie in de wetenschap, dat subtiele verschillen in experimentele opzet ook in de natuurwetenschappen een belangrijke rol spelen.[19] Omdat het aantal vrijheidsgraden in de opzet van experimenten in de psychologie, en zeker in de sociale psychologie, nog veel groter is dan in de natuurwetenschappen, hoeft het niet te verbazen dat exacte replicaties weinig kans van slagen hebben. Ze zijn bovendien niet erg populair: onderzoekers proberen liever iets nieuws te demonstreren dan dat ze iets ouds herhalen, al was het maar omdat tijdschriften vaak expliciet weigeren om replicatiestudies te publiceren. En in een gebied waar weinig replicaties worden uitgevoerd, is de ruimte groter om onderzoek te faken, aldus Kahneman. Potentiële fraudeurs kunnen daarom in het primingonderzoek gemakkelijker scoren dan in disciplines waar exacte replicaties regel zijn.

Stapel en ook de genoemde Smeesters hebben daarvan misbruik gemaakt.

Het lijkt erop dat in de sociale psychologie de norm is verlegd van exacte naar conceptuele replicaties: je bedenkt vanuit dezelfde theorie een nieuw onderzoek. Wanneer het mechanisme 'bevestigd' wordt, wordt dat gezien als een versterking van de theorie. Zo stelt de Nijmeegse sociaalpsycholoog Ap Dijksterhuis dat primingeffecten in meer dan tweehonderd onderzoeken zijn gevonden, en dat ze daarmee tamelijk 'robuust' zijn. Tegelijkertijd geeft hij toe dat twijfel mogelijk is: 'Sociaalpsychologen hadden nogal eens de neiging om stevige conclusies te trekken op basis van mager bewijs. Ik ook – dat geef ik toe. Het was een beetje onze bedrijfscultuur. Dat hadden we minder moeten doen. Het is in de wetenschap toch vaak: drie stappen vooruit, twee stappen achteruit. Dus ook in de psychologie.'[20]

Bij conceptuele replicaties is het goed mogelijk dat men iets anders meet dan in het eerdere onderzoek. Methodologen tonen zich dan ook sceptisch: 'Kleine steekproeven, een hip en mediageniek onderwerp, en weinig eenheid in wat er precies gemeten wordt. Dat laatste geeft onderzoekers veel vrijheid om net zo lang met de gegevens te spelen tot het gewenste resultaat er uitkomt.'[21] Dat vergroot de kans dat het onderzoek gepubliceerd wordt, maar methodologisch bezien is zo'n werkwijze problematisch. Problematisch is ook dat het leidt tot een vergroting van de hoeveelheid triviale publicaties en daarmee tot een potentiële verstopping van de wetenschappelijke communicatiekanalen.

Werken aan positieve resultaten

In hun verontwaardigde reacties suggereerden de boze sociaalpsychologen dat de commissie-Levelt de sociale psychologie betitelt als slodderwetenschap omdat de fraude van Stapel zo lang onopgemerkt bleef. De commissie doelde met de term 'slodderwetenschap' echter allereerst op de onderzoekscultuur rondom Stapel, waarin het met de geijkte methodologie niet zo nauw genomen werd, en constateerde op basis van de interviews met collega's van Stapel dat deze de gewraakte praktijken tamelijk gewoon vonden. Conclusies op basis van de gevalsstudie-Stapel kun je niet zonder meer uitbreiden naar de sociale psychologie

Questionable research practices

1 Niet alle afhankelijke variabelen van een onderzoek in een publicatie opnemen.

2 Besluiten al dan niet meer gegevens te verzamelen nadat je gekeken hebt of de resultaten significant waren.

3 Niet alle condities van een onderzoek in een publicatie opnemen.

4 Eerder stoppen met gegevens verzamelen dan gepland omdat men het gewenste resultaat had verkregen.

5 Het afronden van de p-waarde in een publicatie (.054 wordt .05).

6 In een publicatie selectief de experimenten opnemen die 'werkten'.

7 Besluiten al dan niet data te verwijderen nadat men gekeken heeft wat daarvan het effect zou zijn op de resultaten.

8 Een onverwachte bevinding rapporteren als voorspelde uitkomst.

9 In een publicatie beweren dat de resultaten niet door demografische variabelen (bijvoorbeeld gender) beïnvloed zijn als men dat niet zeker weet (of zeker weet dat ze wel invloed hebben).

10 Het vervalsen van gegevens.

NB de hierboven weergegeven volgorde weerspiegelt de mate waarin de respondenten de genoemde praktijk verdedigbaar vinden.

Bron: John e.a. (2012) Measuring the prevalence, 525.

als geheel. Dat gebeurt in het rapport van de commissie-Levelt dan ook niet. Maar er is wel ander onderzoek dat de kwetsbaarheid van de sociale psychologie blootlegt.

Lesley John en haar collega's publiceerden in 2012 een onderzoek, uitgevoerd onder meer dan tweeduizend Amerikaanse psychologen, waaruit zij concludeerden dat sommige dubieuze onderzoekspraktijken (questionable research practices, QRP's) de heersende norm waren.[22] Zij stelden vragen over in totaal tien QRP's (zie kader). Van de respondenten gaf een op de tien toe wel eens valse gegevens ingevoerd te hebben (items 5 en 10). De meerderheid van de psychologen heeft wel eens selectief gerapporteerd (item 6), niet alle afhankelijke variabelen gerapporteerd (item 1), verdergaande dataverzameling laten afhangen van de significantie van de resultaten (item 2), onverwachte bevindingen als verwacht weergegeven (item 8) en achteraf data verwijderd (item 7). Wie een zeldzame, ernstiger 'zonde' toegaf (met name datavervalsing), bleek zich ook vaker bezondigd te hebben aan de meer gebruikelijke QRP's. De schattingen van John e.a. (10% geeft vervalsing toe) komen aanzienlijk hoger uit dan in andere onderzoeken, bijvoorbeeld de eerder genoemde studie van Fanelli (2% geeft vervalsing toe). Waarschijnlijk komt dat omdat ze een specifieke methode hanteerden om sociaal wenselijke antwoorden tegen te gaan: de onderzoekers beloofden meer geld aan goede doelen te schenken naarmate er meer eerlijke antwoorden waren gegeven. De respondenten konden dat laatste, via een rekensom, zelf controleren.

QRP's kunnen de steun voor een hypothese ten onrechte dramatisch vergroten, zoals Simmons en zijn collega's aantoonden.[23] Zij onderzochten of het luisteren naar het Beatlesliedje 'When I'm 64' proefpersonen ouder kon maken dan proefpersonen die een neutraal liedje hoorden. Dat bleek zo te zijn: ze waren significant 1,5 jaar ouder dan de mensen uit de controlegroep. In hun artikel lieten de onderzoekers zien dat ze dit effect teweegbrachten door in hun rapportage uitsluitend die metingen en toetsen mee te nemen die hun – dwaze – hypothese ondersteunden. Dergelijke onderzoekspraktijken kunnen ertoe leiden dat statistische significantieniveaus in de praktijk veel flexibeler zijn dan de gangbare foutenmarge van 5%. Zo lijken onbetrouwbare resultaten statistisch significant. Lesley John betitelt QRP's als 'de steroïden van de wetenschappelijke competitie; ze verbeteren de resultaten op kunstmatige wijze en leiden tot een soort wapenwedloop waarin onderzoekers die zich netjes aan de regels houden op achterstand komen'.

John e.a. gingen in hun onderzoek ook na in welke deelgebieden van de psychologie vaker sprake is van slodderwetenschap. QRP's blijken vaker voor te komen in de cognitieve psychologie, de neuropsychologie en in de sociale psychologie, en minder in de klinische psychologie. Ze komen vooral voor bij psychologen die experimenteel onderzoek doen. Om hier beter zicht op te krijgen deden John e.a. een vervolgonderzoek, waarin ze de respondenten vroegen in hoeverre een bepaalde QRP toepasbaar is binnen hun onderzoeksmethodologie en vervolgens in hoeverre ze de betreffende praktijk verdedigbaar vonden. Uit de resultaten kwam naar voren dat sociaalpsychologen meer dan andere psychologen bepaalde praktijken toepasbaar en verdedigbaar vonden, wat overigens strookte met hun relatief hoge scores op de zelfrapportagevragen.

Een andere QRP, het rommelen met analyses om de p-waarde op 0,05 te krijgen (*p-hacking*), was in 2012 voorwerp van onderzoek door de psychologen Masicampo en Lalande.[24] Zij spitten een complete jaargang van drie psychologische tijdschriften door op de gerapporteerde p-waarden, een aanduiding voor de kans dat de resultaten op toeval berusten. De – arbitraire – grens die wordt gehanteerd is 0,05. Bij een $p < 0,05$ is sprake van een statistisch significant resultaat, wat in de praktijk geldt als een eis voor publicatie. In de onderzochte publicaties troffen de onderzoekers een opvallend hoog aantal nét significante resultaten aan. Zij concludeerden hieruit dat onderzoekers bij het toewerken naar een publicatie aansturen op het bereiken van statistische significantie, bijvoorbeeld door 'datamassage'.

Komen QRP's nu vaker voor in de psychologie dan in bijvoorbeeld de natuurwetenschappen? Daniele Fanelli onderzocht bij ruim 2400 artikelen, afkomstig uit alle wetenschapsgebieden, in welke mate volgens de rapportage in de artikelen een hypothese werd bevestigd of weerlegd.[25] De verwachting was dat bij onderzoek in de 'hardere' disciplines de werkelijkheid meer grenzen stelt aan bewuste en onbewuste vooroordelen (biases) van onderzoekers dan in de softere wetenschappen. In sociaalwetenschappelijke publicaties zouden hypothesen dan vaker bevestigd worden dan in natuurwetenschappelijke publicaties. Dat bleek te kloppen: in menswetenschappen als psychologie en psychiatrie, maar ook in de economie kwamen 'positieve' resultaten vijf keer zo vaak voor als bijvoorbeeld in de ruimtevaartwetenschap.

Wat is de redenering hierachter? Wetenschappers koesteren 'van nature' de wens om hun verwachtingen en hypothesen te laten uitkomen. Deze confirmatiebias, die grotendeels onbewust is, kan van invloed zijn op de verzameling, analyse, interpretatie en publicatie van onderzoeksgegevens en daarmee bijdragen aan de overmaat aan positieve resultaten die in diverse vakgebieden is geconstateerd. Bij een correcte toepassing van 'de wetenschappelijke methode' – bedoeld is de hypothetisch-deductieve methode – zouden dergelijke afwijkingen niet mogen optreden, aldus Fanelli. In de praktijk lijkt deze bias vooral voor te komen in vakgebieden waar theorieën en methodologieën flexibeler zijn en voor meerdere interpretaties vatbaar. In bijvoorbeeld de psychologie en de economie hebben onderzoekers meer vrijheid om te kiezen welke theorieën en hypothesen ze zullen toetsen, en hoe ze de resultaten van hun eigen onderzoek en dat van collega's zullen analyseren en interpreteren. Die vrijheid vergroot hun kansen om in de gegevens te vinden wat ze denken dat waar is. Daarmee is ook de kans groter dat in deze sectoren het aantal publicaties met verworpen hypothesen lager is.

We vinden dus langs deze weg een bevestiging van de conclusies van Levelt over slodderwetenschap, zij het dat deze niet alleen zou voorkomen in de sociale psychologie, maar bijvoorbeeld ook in de cognitieve psychologie en de neuropsychologie. De critici van het rapport-Levelt hebben dus ongelijk als ze suggereren dat de zaak had kunnen worden afgedaan door alle pijlen op Stapel en zijn directe omgeving te richten en de sociale psychologie verder 'schoon' te verklaren. Tegelijkertijd roepen de bevindingen van bovengenoemde onderzoeken de vraag op of afwijkingen van de 'regels van ordentelijk wetenschappelijk onderzoek' niet eerder regel dan uitzondering zijn.

Gelijk krijgen

Volgens de commissie-Levelt is slodderwetenschap in de sociale psychologie dermate wijd verbreid dat de dubieuze onderzoeks- en rapportagepraktijken van Stapel en zijn coauteurs ongehinderd in de belangrijkste sociaalpsychologische tijdschriften gepubliceerd konden worden. Dat zijn bevindingen vaak 'te mooi waren om waar te zijn', werd eerder als een pre gezien dan als een reden voor extra kritische aandacht. Stapel was nu eenmaal een experimentator met bijzondere vaardigheden, zo werd gedacht.

Stapel zelf gaf openlijk toe dat hij het experiment vooral zag als een middel om een theoretische gedachte te onderbouwen en te illustreren. Wanneer het gewenste resultaat er niet uitkwam, sleutelde hij net zo lang aan de experimentele opzet tot dat wel gebeurde. De legitimering daarvoor was dat het bereiken van duidelijke effecten afhankelijk was van subtiele manipulaties, die niet alleen ervaring maar ook geduld en improvisatievermogen vereisen. Deze gedachte, die in de sociale psychologie breed gedeeld wordt, is op zich niet ongerijmd. Onderzoek naar de feitelijke praktijk van wetenschappers laat zien dat onderzoekers vaak goede theoretische gronden hebben om vast te houden aan hun hypothese, ook al wordt deze in eerste instantie niet bevestigd. Evenzo vergt goed experimenteren specifieke vaardigheden die alleen door lange training kunnen worden verworven.

Dit wil echter niet zeggen dat alle middelen geoorloofd zijn om het gewenste resultaat te bereiken. Zwakke effecten oppoetsen door in publicaties mislukte experimenten niet te vermelden, of variabelen, condities en proefpersonen weg te laten, leidt collega's op een dwaalspoor en verzwakt per saldo het fundament van het betreffende vakgebied. Wanneer de onderzoekscultuur als geheel gericht is op bevestiging en men zich immuniseert tegen kritiek door autoriteitsargumenten, zoals Bargh deed, kunnen zwakke plekken in een vakgebied lang verborgen blijven.

Uiteindelijk gaat het om de vraag welke rol men toekent aan het experiment: is het de onbetwiste scheidsrechter voor het bevestigen of weerleggen van een hypothese, zoals Levelt voorstaat? Of is het in de eerste plaats een manier om een theoretische gedachte te illustreren, zoals in de primingexperimenten ('mensen kunnen op allerlei manieren door factoren in de omgeving beïnvloed worden zonder dat ze dat in de gaten hebben')? In het laatste geval zijn conceptuele replicaties interessanter dan exacte replicaties: het bestaan van onbewuste beïnvloeding is immers überhaupt niet te weerleggen.

Hoe het ook zij, zelfgenoegzaamheid en het onkritisch vasthouden aan het eigen gelijk passen niet in de wetenschap. Individuele wetenschappers moeten openstaan voor kritiek en vakgebieden moeten zo zijn georganiseerd dat er ruimte is voor rationele discussie. In het bijzonder wetenschappelijke tijdschriften hebben daarin een cruciale rol. Het lijkt erop alsof de confirmatiebias wordt uitgelokt door *publicatiebias:* de neiging van tijdschriften om vooral positieve, vernieuwende bevindingen te publiceren. Het bestaan van deze publicatiebias wordt inmiddels in de sociaalpsychologische gemeenschap wel erkend. Over de beste aanpak ervan wordt druk gediscussieerd.

In de nu volgende drie hoofdstukken wordt de loopbaan van Diederik Stapel belicht, zoals die zich ontwikkelde aan de universiteiten van Amsterdam, Groningen en Tilburg. Hoe maakte hij kennis met de sociale psychologie en hoe koos hij positie daarbinnen? Wat was de context waarbinnen zijn fraude zich ontwikkelde?

4 Leerschool Amsterdam

Ik had veel onderzoeksideeën en probeerde zo veel
mogelijk experimenten uit te voeren. Ik werkte dag en
nacht. Ik vond het heerlijk om 's ochtends vroeg of
's avonds laat of in het weekend nagenoeg alleen in het
hoofdstedelijke universiteitsgebouw te zitten en aan mijn
plannen en ideeën te werken.
Stapel, *Ontsporing*, 138.

Dat Stapel psychologie zou gaan studeren was niet van meet af
aan duidelijk. Als leerling van het prestigieuze Rijnlands Lyceum
te Oegstgeest, zijn geboorteplaats, had hij een voorliefde voor
taal en literatuur en vooral voor toneel. In 1984 figureerde Stapel
als 'Rob van Walraven' in vier episodes van de NCRV-serie *Schop-
pentroef*, geschreven door Alexander Pola en Chiem van Hou-
weninge. Voor zijn prestaties vereerde zijn school hem in zijn
eindexamenjaar (1985) met de RLO-prijs, die jaarlijks wordt uitgereikt 'aan een leerling die op grond van zijn activiteiten binnen
Het Rijnlands Lyceum als eenduidig excellent kan worden aangeduid'.[1] In datzelfde jaar meldde hij zich aan voor de Toneel-
school in Maastricht en was er zelfs toegelaten, maar hij durfde
het uiteindelijk toch niet aan.[2]

In plaats daarvan ging hij drama en mediastudies studeren
aan de University of East Stroudsburg in Pennsylvania, door
hem in een interview uit 2002 aangeduid als 'een theaterschool'.[3]
Terwijl hij nog in de Verenigde Staten was, solliciteerde hij, op
aandringen van zijn moeder, naar een plaats op de Filmacademie
in Amsterdam, maar daar was voor toelating een persoonlijk gesprek vereist. Omdat Stapel het overdreven vond daarvoor speciaal uit de Verenigde Staten over te komen, kreeg de sollicitatie
geen vervolg.[4] In het genoemde interview zegt hij bovendien:
'het ontbrak me aan voldoende talent om het vol te houden'.

Na zijn terugkeer naar Nederland in 1986 wilde Stapel communicatiewetenschap gaan studeren, maar daarvoor moest je

WACHT EVEN!
WACHT EVEN!

WE WILLEN
DAT BOEK
VAN STAPEL!

RGvT

www.foksuk.nl

eerst een jaar psychologie of sociologie afgerond hebben. Stapel koos voor psychologie en vond het vak zo interessant dat hij er ook na zijn propedeuse mee bleef doorgaan, naast communicatiewetenschap. Hij nam zijn studie zeer serieus, werkte hard en zat, naar eigen zeggen, zelfs te studeren tijdens de wedstrijden EK-voetbal in de zomer van 1988.[5] In de loop van zijn studie studeerde hij een jaar, met een Erasmusbeurs, aan de Universiteit van Exeter. 'Dat was een zeer leerzame ervaring. Ik leerde op een hele andere manier denken doordat de Engelse manier van onderwijs geven heel anders is, veel meer essays en activere colleges. Daarnaast is Exeter een klein gehucht waardoor je niet afgeleid wordt door uitgaan, feesten en vrienden, zoals in Amsterdam het geval was.'[6] Hij hield er ook waardevolle contacten aan over, zoals de hoogleraar sociale psychologie Stephen Reicher, met wie hij later nog zou publiceren.

Hij werd lid van het Amsterdams Studenten Corps (ASC) en sloot zich aan bij het letterkundig dispuut HEBE: *Honesto et Bono Excellamus* (In het eerlijke en goede blinken wij uit). Daar leerde hij ook de drie mensen achter Fokke en Sukke (Geleijnse, Van Tol en Reid) kennen, de eindredacteur van *Het Klokhuis* en ook verschillende *Volkskrant*- en NRC-columnisten en -redacteuren. Een fuifnummer was Stapel niet bepaald, reden waarom hij wel werd aangeduid als Commissaris Appelsap.[7]

Sociale psychologie

Stapel ging de psychologiestudie steeds boeiender vinden. Naar hij begreep, bestonden er twee soorten psychologen: de *persoonlijkheidspsychologen,* die de oorzaken van gedrag in de persoon zoeken, en de *sociaalpsychologen,* die vooral letten op de veranderlijke oorzaken die vanuit de omgeving op mensen inwerken: 'kleine veranderingen in de omgeving kunnen grote veranderingen in gedrag veroorzaken'.[8]

Hij raakte steeds meer gefascineerd door de sociale psychologie, volgde alle colleges en zat vooraan bij seminars en werkgroepen. 'Goede sociale psychologie was net als een goed toneelstuk of een goede film: door met een vergrootglas te kijken naar het leven van alledag maakte sociale psychologie het alledaagse interessanter en spannender.'[9] Niettemin was zijn eerste keuze als afstudeerrichting de psychologie van arbeid en organisatie, omdat hij verwachtte daarmee later meer kansen op een baan te hebben. Uiteindelijk switchte hij naar sociale psychologie – vanwege de inhoud.

De Amsterdamse sociale psychologie was in die tijd, de tweede helft van de jaren tachtig, in de eerste plaats *experimentele* psychologie naar Amerikaans voorbeeld. Dat was niet altijd zo geweest. De sociale psychologie was lange tijd een hybride vakgebied tussen psychologie en sociologie in, en in haar onderzoek liet ze zich inspireren door zowel geesteswetenschappelijke als natuurwetenschappelijke methoden. De veramerikanisering was ingezet door de in Leiden opgeleide psycholoog Jaap Koekebakker (1907-1981).[10] Die was sinds 1950, naast zijn werk voor het Nederlands Instituut voor Preventieve Geneeskunde (NIPG), voor één dag in de week buitengewoon hoogleraar groepspsychologie aan het Sociaal-Pedagogisch Instituut (het latere Andragologisch Instituut) van de faculteit politieke en sociale wetenschappen. Onder invloed van Koekebakker werd het NIPG een kweekvijver voor de experimentele sociale psychologie in Nederland, waarbij het Marshall-hulp-programma een belangrijk financieel kanaal vormde voor studiereizen over en weer.

Een sleutelfiguur in de Amsterdamse sociale psychologie was Wim Koomen. Koomen was in 1973 bij Jaap Koekebakker en Nico Frijda gepromoveerd op *Het gebruik van kenmerken bij de interpersoonlijke waarneming.* Hij had toen al een behoorlijke reeks artikelen gepubliceerd, waarvan twee in het Engels. Dat was uitzonderlijk voor die tijd: als psychologen al promoveerden, dan was dat op een boek, een monografie. Het eerder 'weggeven' van je bevindingen in de vorm van tijdschriftartikelen was ongebruikelijk; het werd ook als riskant gezien. Op de afdeling lag een nadruk op methodologie en harde experimenten. Er was sprake van een samenwerking zonder al te veel formaliteiten.

Koekebakker nam in 1972 afscheid, waarna de Amsterdamse sociale psychologie het een aantal jaren zonder vaste hoogleraar moest stellen. Pas in 1980 werd de Nijmeegse sociaalpsycholoog Roel Meertens er tot hoogleraar benoemd. Vanaf het midden van de jaren tachtig werd de groep in snel tempo uitgebreid. In 1986 werd de in Utrecht afgestudeerde filosoof en psycholoog Joop van der Pligt naast Meertens benoemd tot hoogleraar in de experimentele sociale psychologie. Van der Pligt was in 1981 gepromoveerd aan de London University. Daarna werkte hij aan de vu en aan de Universiteit van Exeter. In datzelfde jaar werd de Amerikaanse sociaalpsycholoog Thomas Pettigrew als hoogleraar aangesteld. Dit alles gaf een nieuw elan aan de vakgroep, en dat was nodig, aldus Van der Pligt: 'Er werd niet alleen weinig onderzoek gedaan, er waren ook maar weinig studenten.'[11]

Amsterdam – Chicago – Amsterdam

In 1991 studeerde Stapel cum laude af in zowel de psychologie als de communicatiewetenschap. Bij deze laatste studie had hij zijn vriendin en latere vrouw (ze trouwden in 1997) Marcelle Hendrickx leren kennen. Opnieuw ging hij naar het buitenland, ditmaal naar de Graduate School of Business van de Universiteit van Chicago, waar hij was toegelaten in het PhD-programma *Behavioral Decision Making*.

In Chicago trok hij vooral op met letterenstudenten, antropologen en sociologen.[12] Ze lazen Shakespeare en Nietzsche, en discussieerden over politiek. Verder bestonden zijn dagen uit lezen, schrijven en onderzoeksideeën uitwerken. In een raamloze kelder in het Rosenwaldgebouw werkte hij aan zijn onderzoeksideeën en ontwierp hij vragenlijsten en computertaken. Bij studenten nam hij vragenlijstonderzoekjes af, vooral over metaforen   die bleken effectiever te zijn als ze niet al te expliciet werden ingezet. Hij wilde zijn onderzoek ook 'in de etalage zetten', dat wil zeggen: 'goed publiceren'. Maar dat viel hem niet mee, hij had de juiste toon nog niet te pakken; zijn eerste artikelen waren gortdroog en niet om door te komen.

Na een jaar was hij weer terug in Amsterdam: hij had heimwee naar zijn vriendin Marcelle en 'naar het geweldig hoge niveau van de Nederlandse sociale psychologie. Chicago was in veel dingen beter, maar niet in sociale psychologie.'[13] Hij wilde verder in de wetenschap, en het onderzoeksklimaat op de afdeling van Meertens, Van der Pligt, Pettigrew en Koomen sprak hem aan. Men zag wel wat in hem en bood hem, in 1993, een promotiebaan aan. De ervaren onderzoekspsycholoog Wim Koomen werd zijn dagelijks begeleider, Van der Pligt zijn promotor. Stapel ging al vrij snel publiceren, eerst in het Nederlands en in 1994, samen met Stephen Reicher en Russell Spears, in het Engels. Zijn eerste artikel werd geaccepteerd door het goed aangeschreven Amerikaanse tijdschrift *Social Cognition*. Een jaar later volgde een tweede artikel, met dezelfde coauteurs, in het *European Journal of Social Psychology*.

Russell Spears werd voor Stapel een rolmodel en een geliefd coauteur. Toen Spears in 1995 op 35-jarige leeftijd als gasthoogleraar sociale psychologie werd aangesteld in Amsterdam, had hij al de reputatie een 'publicatiekanon' te zijn. Met Stapel publiceerde hij in de periode 1994-1996 vijf artikelen, voor Stapel zelf ook geen slechte score. Omgekeerd was Spears trots op de productieve jongeren in de groep: 'In de jaren negentig hadden wij een gouden generatie van aio's. Wij moedigden hen aan om al tijdens hun promoties artikelen aan te bieden bij de toptijdschriften in ons vakgebied.'[14]

Gedurende de periode dat hij in Amsterdam werkte (1993-2000), publiceerde Stapel 28 Engelstalige artikelen – 4 per jaar – waarvan er 6 als hoofdstuk in zijn proefschrift werden opgenomen. Bij de overgrote meerderheid van deze artikelen was Koomen coauteur. Deze samenwerking was zowel voor Koomen als voor Stapel zelf voordelig, en op de vleugels ervan ging Stapel gelden als een rijzende ster. Zo gedroeg hij zich ook. Samen met Marcel Zeelenberg vormde hij op de vakgroep een zelfverzekerd duo, dat zijn successen luidruchtig rondbazuinde.

Doctor Stapel

Met een dergelijke voorspoedige artikelenproductie was Stapels promotie tot doctor in de sociale wetenschappen slechts een kwestie van tijd. Op 22 april 1997 was het zover: op 30-jarige leeftijd promoveerde Diederik Stapel cum laude op het proefschrift *What we talk about when we talk about knowledge accessibility effects*. Het beschrijft een grote reeks experimenten over de invloed van omgevingsfactoren op de eerste indruk die iemand op een waarnemer maakt. De titel van het proefschrift was geïnspireerd op een boek van Stapels favoriete auteur, Raymond Carver, *What we talk about when we talk about love* (1974). Ook elders in het proefschrift leefde Stapel zijn liefde voor kunst, literatuur en woordspelingen uit. Zo werd het proefschrift opgeleukt met cartoons van de illustrator Floris Tilanus, die nu vaak voor *De Groene Amsterdammer* tekent. In het colofon staat dat de productie van het proefschrift was mogelijk gemaakt door een gift van 'Pile Consult'[15] en dat het werd uitgegeven door 'Heap Publishers' – inderdaad, twee Engelse synoniemen voor Stapel. Zijn tien jaar oudere zuster, Marie-Anne Stapel, tekende voor het omslagontwerp. Zij had haar broer bovendien geholpen bij het uitvoeren van een aantal experimenten op de middelbare school waar zij als lerares werkte. Het onderzoek voor het proefschrift was gesubsidieerd door NWO, die voor Stapel ook diverse reizen naar internationale conferenties betaalde.

Dagelijks begeleider en copromotor Wim Koomen was scrupuleus in zijn beoordeling en commentaar, zo schrijft Stapel in het dankwoord: 'he went through the manuscript with the finest of combs'. In de promotiecommissie zaten Ad van Knippenberg, Nanne de Vries, Roos Vonk en twee van Stapels coauteurs: Norbert Schwarz en Russell Spears. Van Knippenberg was na zijn promotie in Leiden eerst in Groningen gaan werken en daarna, in 1989, aan de – toen nog – Katholieke Universiteit Nijmegen. Een halfjaar voor de promotie van Stapel typeerde hij in een interview zowel de problemen van promovendi als de stijl van werken in de experimentele sociale psychologie als volgt: 'Eerst raken ze in een crisis, daarna worden ze pragmatisch. Ze zoeken aansluiting bij iets waarvan bewezen is dat het werkt. Als ze dat vinden, komt het sneeuwbaleffect. Als je het goede soort experiment te pakken hebt, kan de cyclus heel kort zijn in deze tak van psychologie. De eerste dag krijg je een idee, de tweede dag programmeer je het op de computer, de derde dag ga je aan de gang met proefpersonen, de vierde dag besteed je aan rekenen en de vijfde dag schrijf je je artikel. Dat gebeurt. Niet zo vaak natuurlijk, maar eens in de zoveel jaar komen we er heel dicht bij.'[16]

Dit procedé was Stapel op het lijf geschreven. Hij was zeer bedreven geraakt in het bedenken van experimenten, meestal samen met zijn coauteurs, waarna hij zelf de feitelijke uitvoering ter hand nam, met eerstejaars psychologiestudenten of middelbare scholieren als proefpersonen. Zodra de resultaten binnen waren, liet hij er allerlei statistische analyses op los, in de hoop dat er publiceerbare resultaten uit zouden komen. Hoewel hij de ideeën samen met zijn coauteurs genereerde, vertelde hij zijn collega's op de vakgroep niet altijd precies hoe hij het onderzoek uitvoerde. 'Ze vroegen er ook nooit echt naar. Ik zat in het laboratorium aan de rand van het hoofdstedelijke centrum experimenten te draaien of ik ging op pad en zette vragenlijsten uit. Ik deed mijn ding. Dat deden we allemaal.'[17]

Dit wordt bevestigd in het rapport van de commissie-Levelt: onderzoekers konden op de afdeling sociale psychologie van de Universiteit van Amsterdam gemakkelijk hun eigen gang gaan; men vertrouwde op elkaars wetenschappelijke integriteit, zo werd gezegd. Stapel werkte vrijwel altijd geïsoleerd, hij kon ongecontroleerd en ongetoetst de dataverzameling, -codering en -bewerking voor zijn rekening nemen.[18] Dit roept in het bijzonder vragen op omtrent zijn verhouding met zijn copromotor en favoriete coauteur Wim Koomen. Als Koomen in 2000 met pensioen gaat, steekt Stapel de loftrompet over hem: 'Wim Koomen pakt onderzoek grondig aan. Het onderzoek waar mijn proefschrift op gebaseerd is en waar we samen veel over gepubliceerd hebben, is diep geworteld in Wims grondige aanpak.'[19] Het gaat om experimenteel onderzoek naar de invloed van omgevingsfactoren op alledaagse beoordelingen. Stapel was overduidelijk trots op hun werk. Zonder aarzeling schreef hij dat sommige van hun publicaties klassiekers werden in de sociale psychologie.

De Amsterdamse vakgroep sociale psychologie kende aan het eind van de jaren negentig een formidabele productie en Stapel blies daarin een aardig partijtje mee. Terugkijkend zei Russell Spears in 2008: 'Ik durf te stellen dat we [in Amsterdam] eind jaren negentig, begin 2000 de meest vooraanstaande sociaalpsychologische club in Europa, mogelijk zelfs in de wereld waren qua impact en zichtbaarheid in de goede *journals*.'[20] Stapel had in die Amsterdamse tijd een buitengewoon positief imago. De Schotse hoogleraar Stephen Reicher was zijn begeleider geweest toen Stapel begin jaren negentig aan de Universiteit van Exeter studeerde: 'Ik mocht hem graag. Hij was ongelooflijk enthousiast. Breed geïnteresseerd, in kunst en literatuur. Zijn passie voor de wetenschap raakte me. Hij had alle ingrediënten om de top te bereiken.' Van der Pligt: 'Hij voldeed op fenomenale wijze aan het beeld van de beloftevolle wetenschapper. Hij was een primus inter pares met een enorme uitstraling. Sommigen vonden de competitie met Stapel wel wat hevig. Een deel ging niet meer mee lunchen omdat ze niet steeds wilden aanhoren hoe succesvol Diederik was.'[21]

Hij gold in die Amsterdamse tijd als 'natuurlijke leider' onder zijn leeftijdgenoten, maar niet iedereen was even dol op hem. Hij liet te graag merken hoe goed hij was. Tegelijkertijd deed hij vaak denigrerend over zijn vakgebied: 80-90% van de artikelen in sociaalpsychologische tijdschriften was waardeloos, zo zei hij hardop, en hij kon het weten, want niemand was zo belezen binnen het vakgebied als hij.[22]

Toen al fraude?

Achteraf bezien roept dit snelle en grote succes natuurlijk de vraag op of Stapel ook toen al fraude pleegde. Hij zelf ontkent dit bij hoog en bij laag. Hoogstens was er sprake van 'grijze', dubieuze praktijken, die echter wel heel gangbaar waren. Maar echte fraude, nee. Volgens de (sub)commissie-Drenth, die de Amsterdamse periode onderzocht, staat dat nog te bezien. De statistici die de publicaties analyseerden, vonden in 7 van de 32 publicaties uit die tijd verdachte onregelmatigheden en statistisch onwaarschijnlijke resultaten (evidence of fraud).[23] Harde bewijzen (proof of fraud) zijn echter niet meer te geven, aangezien de onderliggende gegevens (datamatrixen, stimulusmateriaal, protocollen) vernietigd zijn.

Zelfs als er, zoals Stapel zegt, destijds geen fraude in het spel was, blijft toch de vraag in hoeverre de 'grijze' praktijken zijn opgemerkt – of opgemerkt hadden moeten worden, bijvoorbeeld door zijn toch als bekwaam en scrupuleus betitelde begeleider Wim Koomen. En hoe valt te verklaren dat latere gezamenlijke publicaties, waarbij fraude wél is aangetoond, aan de aandacht van de statistisch goed onderlegde Koomen zijn ontsnapt? Van der Pligt hierover: 'Het komt niet in je hoofd op dat iemand data verzint. Dit systeem is gebaseerd op vertrouwen.'[24] Voor

Koomen zelf kwam het als een donderslag bij heldere hemel: 'Diederik was een zeer talentvol en creatief onderzoeker, in de goede zin van het woord. Maar van dat beeld is helaas helemaal niets overgebleven.' Dat hij niets in de gaten had, vond hij niet vreemd: 'Wetenschap bedrijven is een kwestie van vertrouwen. Voor fraude moet je een verdenking hebben. Je gaat er niet van uit dat iemand de zaak flest, en zeker niet in die mate die nu is gebleken bij Stapel. Daar houd je gewoonweg geen rekening mee. Integendeel, ik had het idee dat zijn werk netjes en fatsoenlijk was uitgevoerd.'[25]

Toch waren er in diverse artikelen van Koomen en Stapel vreemde dingen te zien, bijvoorbeeld dat in een onderzoek onder middelbare scholieren de gemiddelde leeftijd achttien jaar was, en ook onmogelijke celwaarden gegeven het aantal deelnemers in het onderzoek. Ook waren p-waarden vaak niet correct weergegeven.[26] Hoe kan het dat Koomen dit niet heeft opgemerkt, noch bij de publicatie in artikelvorm, noch bij de beoordeling van het proefschrift? Was hij er echt, zoals Stapel zegt, met de stofkam doorheen gegaan? Of had hij zich door Stapels charme en enthousiasme laten meeslepen?

Stapel en Diekstra

Of hij in die tijd nu zelf fraude pleegde of niet, Stapel was in die tijd in ieder geval geïnteresseerd in het onderwerp fraude, zo blijkt uit het volgende. Op 15 augustus 1996 had het weekblad *Vrij Nederland* hoogleraar klinische psychologie René Diekstra van plagiaat beschuldigd. Deze beschuldiging leidde tot grote en langdurige media-aandacht. Wat was het effect daarvan op het imago van de wetenschap en vooral van de psychologie? Dit was voor Stapel een onderzoeksvraag. Zijn hypothese was dat 'zelfrelevante informatie meer invloed heeft op daarop volgende oordelen dan zelfirrelevante informatie'. Oftewel: een schandaal rond iemand van buiten je eigen beroepsgroep kan gemakkelijker beschouwd worden als irrelevant voor jezelf.

Om dit te toetsen stuurde Stapel e-mails naar 131 Nederlandse collega's in de sociale psychologie, met als vraag in hoeverre ze een dergelijk schandaal persoonlijk relevant vonden en in hoeverre ze het schadelijk vonden voor het imago van hun professie. Diverse condities werden met elkaar vergeleken. Zo werd de plagiërende psycholoog in de ene conditie aangeduid als psycholoog en in de andere als *klinisch* psycholoog. Een andere variatie was dat de respondenten in de ene conditie werden aangeduid als psychologen, in de andere als sociaalpsychologen. Er waren 84 teruggezonden vragenlijsten bruikbaar (65%). Uit het artikel, dat Stapel in 1999 met Koomen en Spears publiceerde in het *European Journal of Social Psychology*, bleek dat alle hypothesen werden bevestigd.[27]

De auteurs sloten hun artikel af met de opmerking dat kennelijk ook deskundigen op het gebied van sociale invloed (sociaalpsychologen dus) door bepaalde manipulaties het slachtoffer kunnen worden van de verschijnselen die zij zelf onderzoeken. Deze bevinding is in het licht van de fraude van Stapel zelf natuurlijk zeer pikant. Opmerkelijk is dat de commissie-Levelt in de subtitel van haar rapport Stapel nadrukkelijk betitelde als *sociaalpsycholoog* en niet als 'psycholoog' of 'experimenteel psycholoog' – wat ook had gekund. Een bewijs van de werkzaamheid van onbewuste factoren (zoals sociaalpsychologen graag willen) of een bewuste keuze met gebruikmaking van het door Stapel in bovengenoemd artikel geformuleerde inzicht?

De weg omhoog

Stapel was niet alleen een enthousiast onderzoeker, hij wilde ook hogerop. In 1997 won hij de dissertatieprijs van de Associatie van Sociaal-Psychologische Onderzoekers en verwierf hij bovendien een postdocplaats aan de Universiteit van Amsterdam. Het jaar daarna werd hij Academie-onderzoeker namens de KNAW. In 1999 ontving hij, zoals gezegd, de Jos Jaspars Award voor jonge academici in de Europese sociale psychologie. Gevoegd bij zijn aanzienlijke publicatielijst had Stapel een mooie basis voor verdergaande ambities. Die zou hij gaan verwezenlijken aan de Rijksuniversiteit Groningen.

5 Scoren in Groningen

Aan de slag. Met een afkeer van het alles verklarende, het
overkoepelende uitgangspunt, met een liefdevolle om-
arming van het specifieke, het kleinschalige perspectief.
Aan het werk. Met scheermes en fototoestel, met extra
aandacht voor het precieze, met oog en oor voor het alledaagse. Verwachtingsvol aan zet. Als het koninklijke midden tussen de gedrags- en maatschappijwetenschappen.

Stapel, *De koningin is aan zet,* Oratie Rijksuniversiteit Groningen,
11 sept. 2001.

Stapel werd in Groningen hoogleraar cognitieve sociale psychologie. Die benaming was volgens hem eigenlijk een pleonasme,
want sociale psychologie was per definitie cognitief, zo stelde
hij in zijn oratie *De koningin is aan zet.* De cognitieve revolutie
in de psychologie van ruim een halve eeuw eerder had tot gevolg
'dat er een consensus is ontstaan over methoden en resultaten.
Sociaalpsychologen beantwoorden alledaagse vragen, doen experimenten, gebruiken cognitieve methoden. Terwijl in andere
wetenschappen vaak geruzied wordt over welke methode het
beste past bij welke vraag, is dit in de sociale psychologie een
non-issue. [...] In de sociale psychologie heerst consensus over
methodologie. In de sociale psychologie bestaat er geen school-
strijd tussen verschillende methodologische religies.'[1]

Scheermes en fototoestel

Hoe loste Stapel het probleem van wetenschappelijke en maatschappelijke legitimatie van de sociale psychologie op? Door te
poneren dat zij 'een psychologie van de straat' is, waarbij het alledaagse wordt bestudeerd 'met een oog voor precisie en toets-
baarheid. De sociaalpsycholoog maakt van de straat een experimenteel laboratorium.' Daardoor heeft ze een bijzondere en
belangrijke plaats in wetenschapsland. Als de natuurkunde de
koning is, dan is de sociale psychologie de koningin, 'met in haar

ene hand een *scheermes* (als symbool voor de precisie waarmee zij theoretische, retorische wildgroei wegsnijdt) en in haar andere hand een *fototoestel* (als symbool voor haar aandacht voor het alledaagse)'. Daarmee 'vormt zij de perfecte liaisonmanager, de ideale mediator tussen de maatschappij- en de gedragswetenschappen'. De sociale psychologie bevindt zich volgens Stapel ook qua verklaringsniveau op het snijvlak tussen beide (zie het openingscitaat van dit hoofdstuk).

Is de sociale psychologie *kunstmatig?* Op dit punt aangekomen in zijn oratie voerde Stapel een imaginaire criticaster op, die twijfelt aan de wetenschappelijke en praktische relevantie van het vakgebied. 'Sociale psychologie als koningin? Kom nou, de sociale psychologie is een verzameling grappige laboratoriumfenomenen die niets te maken hebben met de realiteit. Ja, als je mensen achter een computer zet en hun in een onherkenbaar snelle flits een plaatje van een zwart iemand laat zien, zijn ze vervolgens sneller met het herkennen van negatieve woorden, terwijl als je een plaatje flitst van een witte persoon, ze sneller positieve woorden herkennen. Dat is indrukwekkend en wijst op de automaticiteit van stereotypering, maar wat zegt het over de stereotypering in het alledaagse leven, over echte mensen op straat, in plaats van gestileerde computerflitsen in een laboratoriumruimte?' Stapel noemde dit kunstmatige karakter van de sociale psychologie echter een 'noodzakelijk kwaad'. Kunstmatigheid ligt altijd op de loer wanneer men precies en zorgvuldig wil zijn: 'Kunstmatigheid is de gekloonde [...] tweelingbroer van precisie. Ze horen bij elkaar.'

Volgens een andere denkbeeldige criticus is de sociale psychologie te kleinschalig, ze kent geen overkoepelende theorie. Stapel weet de oorzaak hiervan wel te noemen: dat komt door haar aandacht voor het alledaagse. Theoretische diversiteit in de sociale psychologie is niet erg, 'we moeten het gebrek aan grote theorieën in de sociale psychologie juist toejuichen'. Freud en Darwin hebben ons niets goeds gebracht, aldus Stapel. Dat komt omdat bij het zoeken naar verklaringen van het alledaagse voortdurend uitzonderingen in het spel zijn. Het gaat dus om de vraag: 'onder welke voorwaarden treedt iets op'.

Stapel spreekt hier van het *specificiteitsprincipe,* dat verwijst naar het belang van contextuele informatie. Daarmee 'vermijdt de sociale psychologie de valkuil van de Grote Theorie, het Alles

Overkoepelende Model'. Het specificiteitsprincipe moet overigens niet verward worden met het abjecte postmodernistische credo 'alles is relatief'. Het gaat in de sociale psychologie om 'het specificeren van de mitsen en maren'. Maar het werd door dat specificiteitsprincipe wel ingewikkeld, zo schreef Stapel in *Ontsporing*: 'De sociale psychologie was een ontplofte confettifabriek van theorieën en theorettes, van effecten en effectjes. Overal kleine, kleurige, spannende snippers. De opdracht was om daar een heldere structuur in aan te brengen, om alles zo minutieus mogelijk uit te pluizen.'²

Dit was aanvankelijk Stapels inhoudelijke ambitie. Niet alleen experimenteren, maar ook alle relevante elementen in een model onderbrengen. Daarmee bracht hij zichzelf in de problemen, want binnen de sociale psychologie zat men daar niet op te wachten: 'Via het geruchtencircuit kreeg ik herhaaldelijk te horen dat een Nederlandse senior collega op zijn universiteit graag de vloer aanveegde met mijn flipperkastpsychologie waarin een lachwekkend grote hoeveelheid toeters en bellen uiteindelijk bepaalde hoe het balletje rolde.'

Erger was dat ook de sociaalpsychologische tijdschriften soms weinig trek hadden in Stapels ingewikkelde artikelen: 'Het was allemaal gewoon te complex. Mijn verhalen waren niet elegant genoeg om door toptijdschriften te worden geadopteerd. Zelfs als ik met statistische en methodologische strategieën de zaak had opgepompt en opgepoetst, was het niet goed genoeg. [...] Niet sterk genoeg, niet interessant genoeg, niet vernieuwend, veel te ingewikkeld.' In de jaren na zijn promotie raakte Stapel in toenemende mate gefrustreerd door zijn eigen modellenbouwerij: 'Ik schreef wat ik kon en als jonge doctor begroef ik me steeds dieper onder de complexiteit van mijn eigen ideeën en de theorieën van anderen, maar het hielp niet. Wat ik ook spitte, prikte of roerde, het werd er niet eenvoudiger op.'

Dat gaf niet alleen problemen met het gepubliceerd krijgen van zijn artikelen, het belemmerde ook zijn verlangen om zijn vak te 'verblijden met een belangrijk, elegant en vooral eenvoudig inzicht', zoals zijn helden uit de sociale psychologie hadden gedaan. Stapel wilde worden zoals zijn helden en de geschiedenis ingaan als de ontdekker van een belangrijk psychologisch mechanisme dat in één zin was samen te vatten. Met zijn hang naar complexiteit zat hij dus zichzelf in de weg. In de eerste jaren van zijn hoogleraarschap werd dat er niet beter op.

Supertalent
De leerstoel in de sociale psychologie werd in Groningen vanaf 1990 bekleed door Bram Buunk. Deze was een succesvol hoogleraar en zon op uitbreiding van zijn afdeling met een hoogleraar die de publicatiescore verder zou kunnen opkrikken en hem op termijn zou kunnen opvolgen. Diederik Stapel met zijn mooie publicatielijst leek hem daartoe de aangewezen kandidaat: 'Hij werd door iedereen beschouwd als de topper van zijn generatie. Bovendien hield hij zich bezig met hetzelfde thema als wij – sociale vergelijking –, maar deed hij dat vanuit een benadering – de cognitieve sociale psychologie – die een mooie aanvulling vormde op wat wij deden.'[3] Buunk werd voorzitter van de benoemingsadviescommissie die Stapel 'in enkelvoudige voordracht' als hoogleraar zou voordragen. En zo werd Stapel per 1 mei 2000 benoemd op een speciaal voor hem gecreëerde Van der Leeuw-leerstoel.

Buunk was ervan overtuigd dat hij een hoofdvangst had gedaan: 'Iedereen had het gevoel dat Stapel geniaal was.'[4] Samen bedachten ze mooie plannen en ontwikkelden ze onderzoekslijnen voor de Groningse sociale psychologie. Met hulp van Buunk haalde Stapel in 2002 een Pionier-subsidie binnen bij NWO op basis van de aanvraag *Making sense of hot cognition*. In die tijd kreeg Stapel ook zijn eerste promovendi en postdocs. Buunk stelde voor om er, vanwege de inhoudelijke verwantschap, één onderzoeksgroep van te maken, waar Stapel en hij wekelijks of tweewekelijks werkoverleg met alle aio's zouden hebben. Tot zijn verbijstering weigerde Stapel dat categorisch: hij wilde per se zijn eigen groep hebben.[5]

Buunk ging hogerop en zocht steun bij het hoofd van de faculteit, decaan Bert Creemers. Daar ving hij echter bot. Stapel werd binnen de faculteit op handen gedragen: 'Zo'n jonge, mooie, ambitieuze hoogleraar, dat vindt men natuurlijk prachtig,' aldus Buunk. Bovendien was Stapel bij zijn aanstelling beloofd dat hij een eigen groep mocht vormen, aldus Creemers. Er was een beleid van *tenure tracks,* met nadruk op (de beoordeling van) individuele prestaties; het ontwikkelen van eigen onderzoekslijnen paste daarbij. De angst dat Buunk met hem zou willen 'meeliften', zou bij Stapel ook een rol hebben gespeeld. Deze lezing van het gebeurde werd door Stapel zelf overigens ontkend. Hij hield het erop dat de inhoudelijke belangstelling van Buunk en hemzelf een verschillende richting in waren gegaan.

Archipel

Het onderzoek van de Groningse faculteit sociale wetenschappen vond plaats in relatief kleine verbanden met een grote mate van autonomie.[6] Binnen deze archipel nam de groep-Stapel een eigen positie in. Stapel smeedde een hechte band met zijn aio's en postdocs, tijdens de wekelijkse onderzoeksbesprekingen, maar ook daarbuiten. Ook bracht hij een aantal nieuwigheden in. Hij richtte bijvoorbeeld een 'datalab' op, een plek waar apparatuur stond om experimenten uit te voeren. Er was een chronisch tekort aan gegevens die tot publicaties konden leiden en dit datalab voorzag daarin. Studenten fungeerden verplicht als proefpersonen, en zo werd een regelmatige stroom data gegenereerd. Dit maakte Stapel tot een aantrekkelijke onderzoekspartner voor buitenlandse collega's.

Voor gemotiveerde studenten sociale psychologie creëerde hij een talentenklasje, waaruit hij de meest geschikte rekruteerde als promovendi. Een van die gemotiveerde studenten was Karlijn Massar. Aanvankelijk stond ze in een goed blaadje bij Stapel, maar ze werd uiteindelijk geen aio bij hem. Toen ze daarop overstapte naar de groep van Bram Buunk, liet Stapel zijn aio's weten dat ze geen contact meer met haar mochten hebben. In de persoonlijke omgang kon hij tamelijk intimiderend zijn. Stapel had de gewoonte om dicht bij je te gaan staan en zo binnen te dringen in je persoonlijke ruimte, aldus Massar.[7] Er was een promovendus, zo gaat het verhaal, die de confrontatie was aangegaan en de ruwe data van een van de experimenten had opgeëist. Tijdens het daaropvolgende twistgesprek liet Stapel, met zijn 1 meter 95, de promovendus achteruitdeinzen tot hij met zijn rug tegen de muur stond.[8]

Net als in Amsterdam voerde Stapel het beheer over de dataverzameling en -analyse. Weliswaar droegen de promovendi doorgaans zelf zorg voor de dataverzameling, maar voor de data-invoer werd vaak een student-assistent ingeschakeld.[9] Deze gaf de data dan rechtstreeks aan Stapel, die ze na kritische inspectie en eventueel enkele eerste analyses doorspeelde aan de aio in kwestie. Deze hulp bij de data-invoer en -verwerking was bijzonder en promovendi ervoeren het als een luxe. Stapel wilde hen zo spoedig mogelijk door het vervelendste deel van het onderzoekswerk heen helpen, zo vertelde hij aan de commissie-Levelt.

Door het onderzoeksprocedé aldus vorm te geven, creëerde Stapel veel ruimte voor eigenhandige 'correctie' van gegevens. Weliswaar was het in Groningen gebruikelijk dat promovendi een tweede begeleider hadden, maar die hield zich vooral bezig met het schrijfproces en de inhoud van het betoog, niet met de dataverzameling en -verwerking. Stapel zorgde dus voor mooie data, maar het was een publiek geheim 'dat statistiek noch zijn sterkste punt was noch zijn grootste belangstelling had'. Promovendi legden statistische vragen daarom voor aan ter zake deskundigen in de faculteit en daar had Stapel geen probleem mee.

Stapel publiceerde niet alleen met aio's, maar ook met postdocs (zoals David Marx, Michael Häffner en Kirsten Ruys), met senior collega's uit Amsterdam als Wim Koomen, en met collega's uit Groningen: Ernestine Gordijn, Siegwart Lindenberg, Sabine Otten, Frans Siero, Janka Stoker en Karen van Oudenhoven. Daarbij valt op dat de laatste categorie, met uitzondering van Gordijn, geen experimentele sociaalpsychologen bevat. Zo is Lindenberg socioloog, Stoker en Van Oudenhoven zijn organisatiepsychologen, Otten houdt zich vooral bezig met groepsprocessen en Siero is methodoloog. Het combineren in onderzoek van uiteenlopende expertises heeft beslist voordelen, maar het voordeel dat Stapel erin zag, moet voor zijn collega's als een verrassing gekomen zijn.

Fraude in Groningen

Bij zijn oratie zat de zaal vol met vrienden en familie, maar hij herinnert zich zelf vooral de kritiek van een aantal collega's die hij later via via te horen kreeg. Zij vonden zijn verhaal veel te filosofisch en hoogdravend. 'Ik keek als een oude, wijze, emeritushoogleraar terug op het vakgebied. Dat was ongepast en arrogant, want ik was voor in de dertig en kwam net kijken. Ik was te jong voor oeverloos getheoretiseer en gefilosofeer, dat moest ik aan mijn gepensioneerde collega's overlaten.'[10] Hoe zelfverzekerd hij ook had georeerd, hij werd toch ook zelf geplaagd door twijfels. In *Ontsporing* vertelt hij hoe hij zijn vrouw aan haar hoofd bleef zeuren wat zij van zijn oratie gevonden had. Hij kon haar maar nauwelijks geloven als ze zei dat ze het een heel goed verhaal had gevonden. Toch verscheen de oratie later, tamelijk pontificaal, in het *Nederlands Tijdschrift voor de Psychologie.*

Stapel had weliswaar met de Pionier een mooie subsidie binnengehaald, maar het begin van de Groningse periode liep minder mooi dan hij zich had voorgesteld. Toen hij na een herniaoperatie een tijdje thuis moest blijven, viel hij aan somberheid ten prooi: 'Het klikt niet echt met sommige van mijn collega's en ik krijg mijn werk steeds moeilijker gepubliceerd. Ik sta al een jaar droog. Ik heb een jaar niets gepubliceerd.'[11] Uit zijn publicatielijst valt op te maken dat dit het jaar 2003 moet zijn geweest. In reviewrapporten van sociaalpsychologische tijdschriften noemde men zijn werk 'ambachtelijk', 'zorgvuldig' en 'indrukwekkend', maar Stapel had liever iets anders gehoord: 'Het was nooit mooi, helder, speels, sterk, spannend, elegant of fascinerend wat ik deed.'[12]

Hadden anderen niets in de gaten? Buunk in ieder geval niet. Dat kon ook niet, want Stapel hield hem buiten de deur. Anders had hij vast wel iets gemerkt, verklaarde Buunk later.[13] Jonge onderzoekers uit de groep van Stapel roken wel lont. In de kroeg werd grappend gezegd dat Stapels data 'te mooi waren om waar te zijn' en dat het allemaal wel erg toevallig was. Een enkeling was hierover zelfs met een naaste collega van Stapel gaan praten. Omdat het slechts een vermoeden betrof, kreeg dit gesprek geen vervolg. Ook was er een postdoc, een talentvolle onderzoeker, die 'vanaf dag twee' al het gevoel had dat Stapel niet te vertrouwen was. De verstandhouding werd al snel moeizaam, Stapel leek zich door diens kritische houding bedreigd te voelen: 'ik kon zijn angstzweet ruiken', zou de postdoc gezegd hebben. Wat er zich verder precies heeft afgespeeld is onduidelijk, maar de postdoc vertrok naar een andere universiteit. Bij de contractuele afhandeling van zijn vertrek uit Groningen zag hij zich gedwongen een zwijgplicht te accepteren. Vanuit de faculteit deed men er eveneens het zwijgen toe: de toenmalige decaan Creemers 'weet zeker dat dit conflict hem niet ter ore is gekomen'.

Ook Stapel zelf lijdt, blijkens een passage in *Ontsporing,* aan geheugenverlies: 'In een weekblad verschijnt een verhaal over een onderzoeker die jaren geleden al vermoedens had van fraude, mij daarmee confronteerde en vervolgens door mij is ontslagen. Het komt op mij over als een bizar verzinsel. In mijn geheugen kan ik er niets over terugvinden. Ik herinner me een briljante onderzoeker met prachtige ideeën en een scherpe pen, die na een heftige periode vol verwarrende incidenten uit het wetenschappelijke gezichtsveld is verdwenen. Hoe zou het nu met hem zijn?"[14]

Lennart Renkema, die in 2009 bij Stapel promoveerde en inmiddels de wetenschap heeft verlaten, schetst een beeld van de onderzoekscultuur in diens Groningse groep dat sterk overeenkomt met dat in het rapport van de commissie-Levelt. Renkema vond Stapel 'een heel aardige, charismatische man. Makkelijk te benaderen, pragmatisch in allerlei dingen, niet heel strikt qua regels.' Aardig was vooral dat Stapel zo behulpzaam was. Nadat ze samen de opzet van experimenten voor zijn promotieonderzoek hadden besproken, kwam Stapel binnen enkele weken met de gegevens. Stapel werkte in die tijd al in Tilburg en had tegen Renkema gezegd dat hij Tilburgse studenten als proefpersonen zou inschakelen. Opmerkelijk was dat alle voorspellingen bleken te kloppen. Renkema vond dat wel bijzonder, maar ook weer niet zo dat hij het naadje van de kous wilde weten: 'Als het om je eigen data gaat, wil je niet eens al te kritisch zijn. Als iets mooi uitkomt, worden er geen vragen gesteld. Je wilt de dingen afronden, opschrijven en publiceren.'[15]

Volgens Frans Siero, met wie Stapel in zijn Groningse tijd regelmatig publiceerde, waren promovendi en collega's blind voor de fraude: 'Stapel verzamelde de data en gaf die aan de promovendus. Je komt niet op het idee dat ermee geknoeid is. Het is in de sociale psychologie buitengewoon ongebruikelijk om te zeggen: "Ik wil jouw dataset zien."'[16] Karen van Oudenhoven, sinds het voorjaar van 2012 decaan gedragswetenschappen aan de Universiteit Twente, publiceerde één artikel met Stapel en voelde zich 'verschrikkelijk belazerd' toen bleek dat het gebaseerd was op vervalste gegevens. Ze vindt niet dat haar iets te verwijten valt: 'Ik ben slachtoffer van misleiding. Het is gebruikelijk dat de hoofdauteur de data analyseert. Ik heb het artikel wel gelezen en becommentarieerd. Je controleert wat de ander opschrijft, maar je gaat niet alles overdoen wat hij achter zijn computer heeft gedaan. Dan bedrijf je wetenschap op basis van wantrouwen.'[17] Als deskundige op het gebied van de persoonlijkheidsleer had Van

Oudenhoven op verzoek van Stapel meegewerkt aan de opzet van de studie, de begeleiding van de student-assistenten die onderzoeksmateriaal moesten invoeren en aan het schrijven van de theoretische inleiding.

Weg uit Groningen

Binnen vijf jaar had Stapel genoeg van Groningen. Zijn publicatiefabriek draaide weliswaar op volle toeren, maar hij kreeg naar zijn eigen smaak te weinig erkenning. Stapel liet aan decaan Creemers weten dat hij de tijd rijp vond om tot hoogleraar B te worden bevorderd. Toen de decaan dat weigerde, stapte Stapel achter diens rug om naar het CvB. Ook daar kreeg hij niet zijn zin. Volgens Creemers was dit uiteindelijk een reden voor hem om uit Groningen te vertrekken.[18] Op 28 mei 2006 liet Stapel weten dat hij zijn ontslag indiende om per 1 september aan de Universiteit van Tilburg te gaan werken. Hij schreef dat hij met plezier aan de Rijksuniversiteit Groningen had gewerkt, maar ook 'dat op dit moment van mijn leven de Universiteit van Tilburg beter bij mijn persoonlijke ontwikkeling en ambitieniveau past'.[19]

6 Over de Tiber

De rivier de Tiber is geen wilde vloed,
Wil je mee erover, kijk dan hoe het moet.
Heel erg in de diepte kijken, want er is geen land,
Heel erg in de diepte kijken, want er is geen land.

D.A. Stapel, *Op zoek naar de ziel van de economie,* Oratie Tilburg, 6 juni
2008, p. 43 – een variant op het kinderliedje 'De rivier de Rhône...'

Psychologen en economen

Op 6 juni 2008 spreekt Stapel de oratie *Op zoek naar de ziel van
de economie* uit. De titel is een verwijzing naar de verzuchting van
Rick van der Ploeg 'dat de economie geen ziel heeft'. Stapel was
per 1 september 2006 hoogleraar consumentengedrag geworden aan de Universiteit van Tilburg. Hij begint zijn oratie met
een verwijzing naar een onderzoekje uit zijn studententijd over
de wederzijdse stereotypen van psychologie- en economiestudenten. In Amsterdam deelden die aan de Roetersstraat de men-
sa en waren dus gemakkelijk te bereiken voor medewerking aan
vergelijkend onderzoek – door psychologen. Bij zijn verhuizing
van Groningen naar Tilburg had hij de resultaten van dit vroege
onderzoek teruggevonden, 'neergepend op een wat verfomfaaid
en verkleurd A4'tje'.[1]

Wat bleek uit dit onderzoek? Economiestudenten vonden
in 1989 psychologen soft, zweverig, emotioneel, vaag, introvert,
links, idealistisch, onprofessioneel en irrationeel. En psychologiestudenten vonden economen hard, zakelijk, emotieloos, ambitieus, arrogant, eenzijdig, plat, rechts, ordinair en onverantwoordelijk. Bijna twintig jaar later was dat nog steeds zo, aldus
Stapel: 'Onlangs hebben we dit onderzoek nog eens overgedaan
en de wederzijdse stereotypen zijn nagenoeg gelijk.'

De verschillen tussen psychologen en economen waren voor
Stapel bij zijn transfer naar Tilburg opnieuw relevant, want be-
halve hoogleraar was hij ook directeur geworden van het Tilburg
Institute for Behavioral Economics Research (Tiber), een sa-

menwerkingsverband tussen de faculteiten sociale wetenschappen en economische wetenschappen. Het instituut was op dat moment nog in oprichting en het was de taak van Stapel om dit verder vorm te geven. Met Tiber zette de Tilburgse universiteit een traditie voort die teruggaat tot het begin van de Katholieke Hogeschool die 'Tilburg' ooit was. Die hogeschool had vanaf haar begin in 1927 altijd psychologen als docent in dienst gehad, te beginnen met de latere minister-president Jan de Quay, die er 'psychotechniek van het bedrijf' gaf.[2] In 1972 was de in Nijmegen opgeleide psycholoog Gery van Veldhoven er hoogleraar economische psychologie geworden, met een nadruk op de rol van de persoonlijkheid en individueel economisch gedrag.

Dit vakgebied had als *behavioral economics* ook internationaal opgang gemaakt, met coryfeeën als Herbert Simon en Daniel Kahneman (beiden Nobelprijswinnaars) en Amos Tversky. Stapel presenteerde in zijn oratie een aantal eigen stereotypen over psychologen en economen, bijvoorbeeld: psychologen zijn vooral geïnteresseerd in beschrijven en verklaren van gedrag, en 'omdat menselijk gedrag complex is, zijn er eindeloos veel psychologische theorietjes en theorettes'. Aan voorspellen van gedrag komen ze nooit toe, aldus Stapel, omdat ze accuraat willen zijn en dus perfect willen voorspellen. Economen nemen genoegen met 'redelijke' voorspellingen en zijn niet zo geïnteresseerd in de psychologische processen die ten grondslag liggen aan gedrag: 'het gaat om de uitkomsten, wat mensen doen, wat ze kiezen'.

Geen homo psychologicus

Er is wel een homo economicus – de rationele mens – maar geen homo psychologicus: de psycholoog wil altijd iemand anders zijn. En waar de economische wetenschap iets weg heeft van een Russisch politbureau (strak geleid, bureaucratisch, heldere structuur), is de psychologie eerder een ontplofte confettifabriek: 'overal kleine, kleurige snippers en nergens valt een heldere structuur te ontdekken. Zoals elke kleuter een knuffel heeft, heeft elke psycholoog een lievelings-Homo Psychologicus op wie een zelfbevredigende theorie of theorette kan worden uitgeleefd.' 'Economen hebben overal een antwoord op en psychologen willen alles precies weten,' zo stelt Stapel, die naar eigen zeggen ooit aan de Universiteit van Chicago economie studeerde. Tegenover de abstractie van de economische theorie stelt de psychologie dat je moet kijken naar de context: 'Elk fenomeen vereist zijn eigen analyse.' Economie en psychologie zijn complementair, aldus Stapel.

Vervolgens ging Stapel meer specifiek in op de toestand in de sociale psychologie. 'In de sociale psychologie is er sinds jaar en dag een dominant mensbeeld en een dominant verklaringsprincipe. Net zoals economen de kracht van vraag en aanbod hebben en drang tot nutsmaximalisatie, zeg maar de rationaliteitstheorie, hebben sociaalpsychologen de macht van de situatie, de illusie van de vrije wil, zeg maar een relativiteitstheorie.' Daarmee staat de sociale psychologie tegenover de persoonlijkheidspsychologie. Gedrag kun je volgens de sociaalpsychologen niet adequaat vanuit de persoon verklaren. Gedrag verklaar je bij voorkeur vanuit de context.

De oratie bevat ook een passage over de rol van sociale factoren die in het licht van zijn fraduleus handelen opmerkelijk is: 'De context bepaalt of je vals speelt of niet. Je speelt vals als je boos bent, als het spel het toelaat, of als je speelt tegen je broer van 47 en je niet wilt verliezen, of als je speelt tegen je dochter van 6 en niet wilt winnen.' Je kunt dit ook als volgt lezen: 'het spel' (de onderzoekscultuur in de sociale psychologie) liet zijn fraude toe, hij was boos (gefrustreerd omdat zijn experimenten niet 'lukten') en hij wilde niet verliezen van de 'grote jongens' in zijn vakgebied. En natuurlijk speelde hij ook vals tegenover zijn aio's, maar uiteraard met de beste bedoelingen: wilde hij ze immers niet laten 'winnen'?

Volgens de sociale psychologie is alles relatief, omdat de context bepaalt. Maar dat wil niet zeggen dat alles maar kan: 'Gelukkig is de sociale psychologie altijd een empirische wetenschap geweest en wars van vaag, Frans, constructionistisch en postmodernistisch geëmmer, geklei en gekeutel. De sociale psychologie laat niet alleen zien *dat* alles relatief is, maar ook *hoe* alles relatief is; wanneer emoties, gebeurtenissen, herinneringen, of andere mensen, iemands keuze beïnvloeden. [...] De sociale psychologie predikt *voorspelbare relativiteit.*' Stapel beseft dus goed dat relativiteit een gevaarlijk woord is en haast zich om de scheidslijn tussen wetenschap en 'postmodernistisch gekeutel' duidelijk zichtbaar te maken. Dat hij in zijn haast de sociale psychologie toch weer een voorspellende wetenschap laat zijn, geeft te denken.

moet nieuwswaarde hebben voor zowel de wetenschap, als ook voor de maatschappij. Als het goed is, moet je er de krant mee kunnen halen.'

Toch is het moeilijk om onderzoek aan al deze voorwaarden tegelijk te laten voldoen. Als je vooral relevant wilt zijn, verlies je de precisie gemakkelijk uit het oog. 'Bij Tiber maken wij de meeste fouten op relevantie en avontuurlijkheid, maar we zijn heel precies. We streven naar wetenschappelijk hoogstaand onderzoek, wat aardig lukt, nu moeten we leren meer risico's te nemen en spannender te zijn.'

In tegenstelling tot wat voorheen het geval was bij de vakgroep Economische psychologie in Tilburg, doet Tiber niet zo vaak onderzoek in opdracht. Dat levert namelijk zelden nieuwe wetenschappelijke inzichten op, stelt Stapel. 'Daarom is het binnenhalen van opdrachten niet ons uitgangspunt. We hebben bovendien geen duidelijk probleemgebied waar opdrachtgevers op af komen. We zouden alleen een opdracht aannemen als het onderzoek voor ons inhoudelijk ook interessant is, als een bedrijf bijvoorbeeld een aio wil betalen, die niet alleen het gevraagde onderzoek uitvoert, maar ook echt de diepte in kan gaan.'

Onopvallend en gemeen

Binnen Tiber doet Stapel veel onderzoek naar fundamentele beslissings- of beoordelingsprocessen, een onderwerp dat in het verlengde ligt van zijn promotieonderzoek. Hij promoveerde op contexteffecten en de invloed daarvan op een indrukvorming. Die contexteffecten kunnen 'onopvallend en gemeen' zijn, stelt hij. Irrelevante informatie, zoals vieze of juist lekkere koffie, een goede of slechte stoel, goed of slecht weer, kan de eerste indruk van iemand positief of negatief beïnvloeden. 'De koffie is vies, de stoel zit rot, dat voelt onaangenaam, terwijl het vaak niet onmiddellijk duidelijk is waar dat gevoel vandaan komt. Dan is er sprake van een *source-monitoring*probleem: je weet niet wat de bron van je gevoel of indruk is en omdat je je op een persoon richt (waar is dit voor iemand?), ben je geneigd je gevoel daaraan toe te schrijven (hij is onaardig).'

Met dit en ander onderzoek naar *source-monitoring*problemen ondergraaft Stapel ook het algemene idee dat het grote verschil tussen een stemming en een emotie daaruit zou bestaan dat een stemming vaag kan blijven, terwijl je van een emotie de bron kent. Stapel: 'Het idee is: je bent boos op iemand of je walgt van iets. Maar ik vroeg me af of je altijd bewust bent van de bron van een emotie of dat onbewuste stimuli een emoties kunnen oproepen. Uit ons onderzoek blijkt dat dit inderdaad mogelijk is: je kunt iets voelen, zonder te weten waar het vandaan komt. En dus kun je ook op een bepaalde manier reageren, zonder dat je weet waar die reactie vandaan komt.' Dit bleek onder meer uit een experiment waarin proefpersonen subliminaal plaatjes te zien kregen van een vieze wc-pot of een man met een geweer. Deze plaatjes, die niet bewust werden waargenomen, leidden toch respectievelijk tot walging of angst. Stapel: 'Naar aanleiding van de experimenten hebben we een *emotional unfolding*-theorie bedacht die er kort gezegd op neerkomt dat een emotie zich van

Diederik Stapel   Foto: Herman Wouters

abstract naar concreet ontwikkelt. In de allereerste fase voel je slechts of iets positief of negatief is, een fractie later wordt het concreet en voel je boosheid, walging of angst.'

Emoties kunnen met andere woorden onbewust worden opgeroepen en dat werkt subtieler dan we ons doorgaans voorstellen. 'Het onbewuste is niet grof, globaal en dichotoom, zoals we vroeger dachten, maar moet specifiek en flexibel zijn om er goed mee op de omgeving te kunnen reageren. Onbewuste reacties kunnen bijvoorbeeld ook afhankelijk zijn van de doelen die je jezelf stelt. Daarom ziet een kapper in eerste instantie overal kapsels en een racist ziet als eerste welke huidkleur iemand heeft.'

De klank van competentie

Het meeste onderzoek van Tiber gebeurt in een abstracte laboratoriumsituatie, maar soms wordt onderzoek in een concrete context gedaan. Zo onderzocht een van Stapels aio's de invloed van stemgeluid bij sollicitaties of beoordelaars zich hierdoor lieten beïnvloeden in hun oordeel over de geschiktheid van sollicitanten voor een functie. Uit dit onderzoek bleek dat hoe lager de stem was, hoe competenter mensen werden gevonden. Dit was het geval bij mannen en vrouwen: mannen hebben een lagere stem dan vrouwen, en worden vaker geassocieerd met macht, waardoor ze een 'natuurlijk' voordeel

In een interview in *De Psycholoog* zette Stapel zijn visie op het onderzoek bij Tiber uiteen: 'Het moet degelijk zijn, maar ook relevant en het moet nieuwswaarde hebben voor zowel de wetenschap alsook voor de maatschappij. Als het goed is moet je er de krant mee kunnen halen.'[3] Stapel vond dat Tiber in relevantie en nieuwswaarde nog tekortschoot: 'Bij Tiber maken we de meeste fouten op relevantie en avontuurlijkheid, maar we zijn heel precies. We streven naar wetenschappelijk hoogstaand onderzoek, wat aardig lukt, nu moeten we leren meer risico's te nemen en spannender te zijn.' Mede om die reden zette Stapel de koers die hij in Groningen al had ingeslagen door: zoeken naar thema's die uit het leven gegrepen zijn – dus relevant en met nieuwswaarde. Wat zijn bijvoorbeeld de gevolgen als vrouwen de achternaam van hun man aannemen? 'Veel van mijn progressieve, geëmancipeerde vriendinnen van vroeger gingen trouwen en namen de naam van hun man aan. Dat verbaasde mij.' Eigenlijk ergerde het hem en dus ging hij op zoek naar argumenten om vrouwen op andere gedachten te brengen. Hij liet zien 'dat vrouwen die hun eigen achternaam behouden, meer verdienen, hoger worden ingeschaald en betere banen krijgen'. Blijkens het rapport van de commissie-Levelt ging het hier overigens om een frauduleus onderzoek (en Stapel gaf dit ook zelf toe).

Ook zijn onderzoek naar religie en creativiteit kwam voort uit wat hij om zich heen zag. 'In het zuiden van ons land zien de kerken er mooier uit, zie je meer bombastische schilderkunst en zijn de mensen losser. Dat viel me op en ik ben het gaan onderzoeken.' Hij ging eerst bij de geschiedenis te rade en constateerde dat door de eeuwen heen bètawetenschappers vaker protestant waren en kunstenaars vaker katholiek. Daarna liet hij katholieken en protestanten creativiteitstaakjes doen, bijvoorbeeld: noem zo veel mogelijk ongebruikte toepassingen van een baksteen. Er bleek geen verschil tussen beide groepen te zijn. Toen bracht Stapel het geheime wapen van de priming in het spel: 'Als je vooraf aan mensen vraagt of ze religieus zijn en hen zo herinnert aan hun geloof, dan gaat de creativiteit bij de protestanten omlaag. De protestantse, sobere en doe-maar-gewoon-houding is blijkbaar niet goed voor de creativiteit.' Dit onderzoek is alleen in het Nederlands gepubliceerd, in het *Jaarboek Sociale Psychologie,* en daarvan wordt nog onderzocht of het op vervalste of verzonnen gegevens berust.

In zijn oratie maakt hij ook melding van zijn onderzoek naar *consumentisme:* 'Gewone mensen [...] veranderen automatisch in egoïstische koopmachines wanneer ze een advertentie, een prijslabel of een foto van een winkel zien. Zo blijkt bijvoorbeeld uit recent onderzoek dat een eenvoudig plaatje van appels en peren de meeste mensen gelukkig en vrolijk en aardig voor anderen maakt. Maar als op die appels en peren een prijsje staat geplakt, worden ze ongelukkiger dan een controlegroep en gaan ze zich egoïstisch en competitief gedragen.'[4] Conclusie: eenvoudige

;chijnsel toegevoegd: blijven praten
ɔm te verhinderen dat de ander aan
het woord komt.

Vooral Rutte en Balkenende tonen
zich hierin ware meesters. Maar het
is een slechte eigenschap voor het
leidinggeven aan coalities. Balkenende heeft dit reeds meermalen bewezen, Rutte zal dit gaan bewijzen. Het
is aan de kiezer om deze werkelijkheid zich niet te laten voltrekken.

S. de Jong, Zuidlaren

Seks verkoopt

Op 18 mei berichtte *de Volkskrant* op
de voorpagina over de start van de
eindexamens in Nederland met een
grote foto van een meisje dat beval-
lig (begin van decolleté en bh-bandje
waren goed te zien) heur haar opstak
alvorens met het examen te beginnen.

Waarom koos de redactie voor
deze foto, vroeg ik me af. Natuurlijk
omdat het een mooi, sexy meisje betrof. Leuk. Gezellig. En seks verkoopt.
Uit onderzoek dat wij bij TIBER (Tilburg Institute for Behavioral Economics Research) hebben gedaan, weten we echter dat dergelijke
seksualiserende vrouwbeelden niet
alleen de verkoopcijfers opkrikken
maar ook een direct effect hebben op
de prestaties van jonge vrouwen:
meisjes die naar sexy vrouwen kijken, presteren slechter in wiskunde
omdat ze het geportretteerde vrouwbeeld automatisch overnemen: Ze
gaan zich sexier, afhankelijker, zorgzamer, maar niet slimmer gedragen.
Niet zo mooi, leuk, of gezellig dus.
Om dit effect nog maar eens te demonstreren, lieten wij de helft van
een klas vwo-studentes de gewraakte

*Volkskrant*pagina lezen alvorens zij
een wiskundetoets deden, terwijl we
de andere helft een gefotoshopte versie van deze pagina kreeg waarop
een studieuzer rolmodel stond afgebeeld. En inderdaad: *de Volkskrant*
Meis-
jes die de echte, sexy *Volkskrant*pagina hadden gekregen, presteerden be-
duidend minder goed op de wiskundetoets (gemiddeld 10 van de 20 vragen goed) dan meisjes die de 'neppe,
studieuze' pagina hadden gelezen (13
van de 20 goed).

De redactie beïnvloedt mensen
met de keuzen die zij maakt. Tip voor
de redactie: minder sexy vrouwen in
de krant, meer slimme vrouwen op
straat. Zo kan *de Volkskrant* actief
meehelpen aan het doorbreken van
het glazen plafond.

Diederik Stapel, Tilburg

De eindexamenkandidate op de voorpaginafoto van 18 mei.   Marcel van den Bergh / de Volkskrant

De Volkskrant, 9 juni 2010

omgevingscues kunnen ons 'spontaan en automatisch – zonder
dat we dat zelf doorhebben – egoïstisch en hebberig maken'.
Van dergelijk onderzoek is het inderdaad maar een kleine stap
naar onderzoek naar de effecten van kijken naar een plaatje met
daarop een biefstuk, zoals in het in hoofdstuk 1 besproken 'vleesonderzoek'.

Soms bracht zijn verlangen om de krant te halen Stapel zelfs
tot het schrijven van een ingezonden brief. Op 18 mei 2010 had
de Volkskrant geschreven over het begin van de eindexamens

in Nederland. Er stond een foto bij van een sexy ogende examenkandidate en Stapel had er aanstoot aan genomen. Wist *de Volkskrant* niet dat meisjes die naar sexy vrouwen kijken slechter presteren in wiskunde, omdat ze het geportretteerde vrouwbeeld automatisch overnemen? Ze gaan zich sexyer, afhankelijker, zorgzamer, maar niet slimmer gedragen, zo was uit onderzoek van Tiber gebleken. 'Om dit effect nog maar eens te demonstreren' lieten Tiber-onderzoekers voorafgaand aan een wiskundetoets de helft van een klas vwo-meisjes de *Volkskrant*-pagina lezen (10 antwoorden goed) en de andere helft dezelfde pagina met een studieuzer rolmodel (13 antwoorden goed).[5] Het kwam hem twee dagen later te staan op een ingezonden brief van Renske Janssen uit Eijsden, 17 jaar, die meende dat het onderzoek wegens de gebrekkige steekproef de naam 'wetenschappelijk' niet verdiende. Fijntjes voegde ze eraan toe dat ze voorafgaand aan haar examen de bewuste voorpagina met veel aandacht had gelezen en dat haar examen die dag prima verlopen was.

Stapel op de transfermarkt

Zoals we in het vorige hoofdstuk gezien hebben, weten we niet precies waarom Stapel weg wilde uit Groningen. In *Ontsporing* zegt hij er niets over. Bert Creemers, decaan sociale wetenschappen aan de Rijksuniversiteit Groningen, hield het erop dat het uit frustratie was: de bevordering tot senior hoogleraar duurde Stapel te lang. Ook de moeizame verhouding met collega proximus Buunk kan een rol hebben gespeeld. Maar misschien was hij gewoon toe aan een 'nieuwe uitdaging'.

De universiteiten waren inmiddels tot een soort transfermarkt geworden, vergelijkbaar met de voetbalwereld. Aantrekkelijke partijen, dat wil zeggen: hoogleraren die bewezen hadden goed te zijn in het werven van fondsen, kregen nogal eens uitnodigingen 'om te komen praten'. Die aantrekkelijke partijen konden uiteraard gebruikmaken van hun marktwaarde, door te eisen dat ze stafleden konden 'meenemen' naar de eventuele nieuwe werkomgeving. Willem Koops, decaan van de faculteit sociale wetenschappen in Utrecht, zag in Stapel een mooie aanvulling op de sociale psychologie in zijn faculteit, maar hij kreeg te weinig steun vanuit het College van Bestuur van de Universiteit Utrecht om Stapels financiële eisen te kunnen inwilligen. Hij vond dat toen uiterst teleurstellend, maar beseft achteraf goed aan welke potentiële catastrofe de Utrechtse faculteit ontsnapt is.

In Tilburg had het College van Bestuur meer interesse. De Tilburgse universiteit wilde zich graag profileren op het gebied van de behavioral economics, een vakgebied dat de toekomst leek te hebben en helemaal paste in de traditie van Tilburg. Met een samenwerkingsverband tussen psychologie en economie, in een interdisciplinair instituut dat werd geleid door een hoogleraar die had laten zien dat hij wist te scoren met publicaties en subsidies, zou Tilburg eveneens kunnen scoren. Het Tilburgse College van Bestuur bestond sinds 2004 uit voorzitter Hein van Oorschot en rector Frank van der Duyn Schouten, met Wilma de Koning (vanaf 2005) als algemeen directeur en secretaris. Zij hadden er wel oren naar om een coryfee als Stapel binnen te halen (en dat mocht best wat kosten).

In het rapport van de commissie-Levelt wordt gemeld dat Stapel bij zijn aantreden 'aanzienlijke steun' had van het toenmalige College van Bestuur van de Universiteit van Tilburg.[6] Uit een financieel onderzoek van de Tilburg School of Social and Behavioral Sciences (TSB) was gebleken dat het CvB aan Stapel bij zijn aanstelling een aantal toeslagen en vergoedingen had toegekend die zo uitzonderlijk waren voor de sociale faculteit dat de realisering ervan alleen kon verlopen via de economische faculteit. Bij zijn overgang naar Tilburg nam Stapel twee aio's mee uit Groningen, Sei Jin Ko en Carina Wiekens (de overige Groningse promoties bleef hij begeleiden vanuit Tilburg). Bij zijn aanstelling tot decaan, in september 2010, werd hij opnieuw 'uitermate ruim gefaciliteerd'.

Dat dit CvB tot veel bereid was om Tilburg op te stoten in de vaart der volkeren blijkt ook bij een andere kwestie, niet lang daarna.[7] De Utrechtse hoofddocent neuropsychologie Margriet Sitskoorn stond in 2007 op de nominatie om in Tilburg deeltijd-hoogleraar klinische neuropsychologie te worden. In augustus van dat jaar had *Vrij Nederland* echter aangetoond dat ze in een artikel voor het tijdschrift *Neuropraxis* grote delen zonder bronvermelding letterlijk had overgenomen uit Amerikaanse artikelen. De Commissie Wetenschappelijke Integriteit van het UMC onderzocht de zaak en kwam in oktober 2007 tot de conclusie dat de werkwijze van Sitskoorn 'onaanvaardbaar' was en dat een berisping op zijn plaats was. Sitskoorn was het hiermee niet eens en ging in beroep bij het Landelijk Orgaan Wetenschappelijke Integriteit (LOWI). De Tilburgse universiteit wilde dat eindoordeel niet afwachten en benoemde Sitskoorn per 1 februari 2008 tot hoogleraar. Rector magnificus Van der Duyn Schouten meende weliswaar dat er iets aan te merken was op haar gedrag, maar 'niet zodanig dat deze mevrouw voor het leven ongeschikt is voor het hoogleraarschap'. Het LOWI oordeelde op 7 mei 2008 dat plagiaat overtuigend bewezen was en dat er sprake was van 'schending van wetenschappelijke integriteit'. De Universiteit van Tilburg leek hiervan niet onder de indruk en breidde de aanstelling van Sitskoorn uit, waarna zij, in februari 2009, Utrecht definitief verruilde voor Tilburg.

Stapel had niet alleen zijn reputatie als 'golden boy' en het CvB van Tilburg mee, hij had ook vrienden in de faculteit sociale wetenschappen. Zijn belangrijkste connectie was Marcel Zeelenberg, met wie hij in zijn Amsterdamse tijd veel was opgetrokken. Na zijn promotie bij Joop van der Pligt, Tony Manstead en Nanne de Vries, was Zeelenberg in 1998 universitair docent 'marketing' geworden aan de Universiteit van Tilburg. Twee jaar later sleepte hij er een Van der Leeuw-leerstoel sociale psychologie in de wacht, in 2005 gevolgd door een gewoon hoogleraarschap in de sociale en economische psychologie.

Zeelenberg had vooral bekendheid gekregen door zijn onderzoek naar de Postcodeloterij, dat veel aandacht kreeg in de Nederlandse media, maar ook internationaal goed scoorde in de wetenschappelijke tijdschriften. Uit het onderzoek bleek dat angst voor spijt een belangrijke reden is voor mensen om mee te (blijven) spelen in de Postcodeloterij. In *Ontsporing* uit Stapel zijn bewondering voor Zeelenberg (aangeduid met het pseudoniem 'Maarten'). Hij typeert hem als een 'onderzoekscowboy': 'Hij schiet uit de heup. Dat zou ik ook wel willen. Het is nooit ingewikkeld of esoterisch wat hij bedenkt, maar altijd simpel, slim, snel en vooral authentiek. [...] Hij denkt snel, formuleert makkelijk aanspreekbare onderzoeksideeën en vindt altijd wel een elegante manier om ze empirisch te testen.'[8] De vriendschap met Zeelenberg mag Stapel hebben geholpen bij zijn transfer naar Tilburg, uiteindelijk mocht ze niet baten toen de fraude aan het licht kwam. Het was immers Zeelenberg die met het materiaal van de klokkenluiders in de hand de noodzakelijke en onvermijdelijke stap naar de rector zette.

Wetenschappelijke pornografie

In zijn Tilburgse oratie deed Stapel een aantal opmerkelijk kritische uitlatingen over de *publicatiecultuur* aan de hedendaagse universiteiten. 'De ambitie van Tiber is nadrukkelijk niet om hoog te scoren op een of andere ranglijst. De ambitie is niet om zo veel mogelijk toppublicaties te produceren of zo veel mogelijk promoties. [...] Te vaak krijgt deze *indicator* de status van *criterium*. En dat is jammer want natuurlijk zijn toppublicaties een imperfecte operationalisatie van kwaliteit. Het rechtstreeks *belonen* van een *score* op deze indicator zal op den duur dan ook leiden tot minder kwaliteit, want het zet een premie op *veel publiceren,* niet op *goed onderzoek doen.*'9

Vervolgens trok hij een vergelijking met het object van onderzoek uit zijn leeropdracht, de gewone consument: 'Net zoals de consument die overal kassakoopjes en koopgoten ziet, ziet de stukloonwetenschapper die beloond wordt per publicatie, overal mogelijke artikelen.' Hiermee beschreef Stapel ook zichzelf: in ieder onderwerp zag hij immers wel een potentieel experiment – en een potentieel artikel. Hoezeer hij zelf ook tot dit gedrag geneigd was, hij vond het tegelijkertijd uit den boze: 'Met dergelijk strategisch gedrag is het wetenschappelijke forum op de lange termijn natuurlijk niet gediend. Het leidt tot wetenschappelijke pornografie: korte halen, snel thuis. Het leidt tot trendvolgende modewetenschap die ten koste gaat van eigenzinnigheid en creativiteit.'

Het ligt achteraf bezien voor de hand om honend te doen over dergelijke uitspraken en ze als cynisch en zelfs hypocriet aan te merken. Toch valt niet uit te sluiten dat Stapel ze serieus meende. Eigenzinnigheid en creativiteit vallen hem niet te ontzeggen en liefde voor zijn vakgebied ook niet. Wat hem in de weg zat was *publicatiedrang,* de ontembare behoefte aan applaus, de wens om op een voetstuk te staan. In deze oratie kijkt hij als het ware treurig naar zijn – voormalige? – alter ego: 'Een wetenschapper die steeds weer mooie puzzels oplost en hier met veel plezier artikelen over schrijft, zal dat blijven doen omdat de motivatie intrinsiek is. Maar als elk artikel wordt beloond met een som geld, zal de motivatie langzaam maar zeker verschuiven van het intrinsieke *plezier* van het *schrijven* naar de extrinsieke *beloning* van het *geschrevene.* Dat werkt bij ratten zo. Dat werkt bij mensen zo. En dat werkt bij wetenschappers zo. Ook in Tilburg.'

De gespletenheid die Stapel hier tentoonspreidt is opmerkelijk, en niet alleen met de kennis van nu. Het gedrag dat hij in zijn oratie enerzijds afkeurt (overal potentiële experimenten en publicaties in zien), haalt hij anderzijds weer binnen als hij pleit voor avontuurlijk en relevant onderzoek – dat moet immers de krant halen en, door de 'precisie' ervan, ook de wetenschappelijke tijdschriften. Die tonen zich, zoals we eerder gezien hebben, ook steeds minder afkerig van 'sexy' onderzoekjes.

Decaan

Stapels twijfels bij 'het systeem' in de wetenschap beletten hem niet om decaan van de faculteit sociale wetenschappen te worden. Wie weet vormden ze er zelfs een stimulans voor. Zijn vriend en collega uit de Amsterdamse tijd, Nanne de Vries, nu hoogleraar aan de Universiteit van Maastricht, hoorde van Stapel hoezeer hij zich als decaan bevrijd voelde van de *ratrace* van onderzoek en publiceren.[10] In september 2010 volgde Stapel Theo Verhallen op als decaan. Verhallen was een naaste collega, samen begeleidden ze het proefschrift van Marijn Meijers, die op 7 oktober 2011 in Tilburg zou promoveren op het onderwerp duurzame consumptie, *Making it easy to be green*. Het proefschrift was al goedgekeurd, maar werd, na het bekend worden van de fraude van Stapel, door de promovenda zelf teruggetrokken. Uit het rapport van de commissie-Levelt bleek dat één gezamenlijke publicatie gebaseerd was op gefingeerde gegevens.

Toen Stapel decaan werd, uitte hij in een interview voor het Tilburgse universiteitsblad *Univers* opnieuw kritiek op de gangbare publicatiecultuur: 'De instelling van een puntensysteem was ooit nodig, maar de cultuuromslag is voltooid: iedereen weet nu wel wat de bedoeling is. Zo'n systeem moet geen *straitjacket* worden. Dan krijg je zo'n cultuur van "ik schrijf wat en dat deel ik door drie en stuur ik naar drie tijdschriften op". Als daar het volstrekt onbekende *Scandinavian Journal* bij zit, geeft dat niet; het telt als een internationale publicatie. Ik heb liever dat een wetenschapper die aan iets heel groots en belangrijks werkt daarover één mooi stuk schrijft – ook al haalt-ie dan officieel z'n punten niet.'[11]

Opnieuw: het is niet uit te sluiten dat Stapel dit meende. Hij had als decaan grote plannen met zijn faculteit. Voor de cultuuromslag die hij in gedachten had, had hij zelfs een visiedocument geschreven: MERIT – een acroniem van Management, Education, Research, Interest en Team Spirit. Het doel is: 'elkaar als een kleine, hechte gemeenschap, die oprecht geïnteresseerd is in elkaars werk, steeds aanmoedigen om kwaliteit te leveren. Het moet gaan om de inhoud, om het groepsgevoel, om interesse in elkaar, en niet alleen om publicaties scoren.'[12] Bij het bekend worden van zijn fraude is de complete oplage van dit document vernietigd.

Gespletenheid

Het meest opvallende van Stapels Tilburgse periode is zijn vergrote manifestatiedrang: hij wil met Tiber de kranten halen, desnoods via een ingezonden brief, en als hij eenmaal decaan is, wil hij de faculteit gemeenschapsbesef bijbrengen, terwijl hij er zelf een geheim leven op na houdt. Hij geeft onderwijs in wetenschapsethiek en kan als geen ander schetsen voor welke dilemma's onderzoekers komen te staan. Hij legt uit wat de juiste keuzes zijn – en maakt zelf de verkeerde. Op allerlei manieren werd de gespletenheid in zijn gedrag groter, zodanig dat de ontdekking van zijn dubbelleven niet kon uitblijven.

De belangrijkste tweespalt zit misschien tussen zijn feitelijke publicatiegewoontes en de uitspraken die hij daarover deed: in zijn oratie, in interviews, en in zijn columns in *Univers*. Stapel was niet in staat zich aan de door hemzelf beleden normen te houden. In de verklaring na het bekend worden van zijn fraude, zei Stapel dat hij onvoldoende in staat was geweest weerstand te bieden aan de publicatiedruk binnen de wetenschap. Terecht is daarover opgemerkt dat de publicatiedruk in formele zin niet extreem hoog is: een onderzoeker kan volstaan met één internationale publicatie per jaar zonder dat zijn aanstelling gevaar loopt. Nergens staat geschreven dat hij of zij per jaar tien internationale artikelen moet publiceren.

Dat is echter theorie. In de praktijk is er sprake van competitie en daarbij dienen forse publicatielijsten als strijdmiddelen. Het ligt voor de hand dat de externe druk om te scoren gaandeweg geïnternaliseerd wordt en zich ontwikkelt tot een onweerstaanbare publicatiedrang. Dit was bij Stapel beslist het geval. In het volgende hoofdstuk belicht ik in meer algemene zin de geschiedenis van de moderne publicatiecultuur in de wetenschap en de consequenties daarvan voor onderzoekers en de wetenschap.

7 Publicatiedrang

In de moderne wetenschap ligt het ambitieniveau hoog
en is de competitie voor schaarse middelen enorm.
De afgelopen jaren is die druk mij te veel geworden.
Ik heb de druk te scoren, te publiceren, de druk om
steeds beter te moeten zijn, niet het hoofd geboden.

Stapel, persverklaring 31 oktober 2011.

Een rechtlijnig verband tussen publicatiedruk en fraude is er
niet. Publicatiedruk geldt immers, in meerdere of mindere mate,
voor iedere onderzoeker, en niet iedere onderzoeker fraudeert.
Toch laten onderzoekers uit allerlei vakgebieden met enige
regelmaat blijken dat ze lijden onder publicatiedruk en dat ze
betwijfelen of de wetenschap ermee gediend is. Frank van Kolfschooten wijdt in zijn boek *Ontspoorde wetenschap* een heel hoofdstuk aan de 'publicatiezeepbel'.[1] Uit onderzoek van Tijdink, Ver-
gouwen en Smulders uit 2012 blijkt dat meer dan de helft van de
hoogleraren geneeskunde de publicatiedruk te hoog vindt en
dat een derde vermoedt dat wetenschappers onder deze druk
hun data al dan niet opzettelijk verfraaien. De filosofe Anne-
marie Mol wijst erop dat het bepalen van de hiërarchie tussen
wetenschappers via 'accountancysystemen' de verhoudingen
binnen de wetenschap scheeftrekt en allerlei vormen van calculerend gedrag bevordert.

Diverse hoogleraren hekelen de manier waarop promotie-
premies het aantal dissertaties omhoogjagen en de oneigenlijke
druk die mede daardoor op promotiecommissies wordt uitgeoefend om dissertaties goed te keuren. Postdocs moeten voldoen
aan expliciete publicatie-eisen en spelen daarom op veilig met
een mainstream kwantitatieve aanpak: 'Het resultaat is vaak
vrij triviaal en bovenal niet of nauwelijks van enige waarde voor
de samenleving, laat staan de innovatie waaraan wetenschap
zou moeten bijdragen', aldus de hoogleraar managementweten-
schappen Herman van den Bosch. Ook hoogleraar vloeistof-

mechanica Guus Stelling signaleert de negatieve gevolgen van dergelijke risicomijding: '[...] zoek uit hoeveel publicaties je uit één idee kunt halen, dat komt steeds meer voor. Het leidt tot ontzettend veel geschrijf waarvan heel veel totaal overbodig is. Naar mijn idee is dit een groter probleem in de huidige wetenschap dan af en toe eens een suffe psycholoog die zijn eigen cijfers verzint.'

Het idee om onderzoekers te belonen voor hun productiviteit (of te straffen voor het gebrek daaraan) stamt uit de jaren tachtig, toen in Nederland de voorwaardelijke financiering van wetenschappelijk onderzoek werd ingevoerd. De suggestie werd gewekt dat hiermee een einde zou worden gemaakt aan de situatie 'waarin nogal wat wetenschappers maar wat rondleuterden'. Voor het gemak werd productiviteit gelijkgesteld aan inhoudelijke kwaliteit en werd het meten ervan gaandeweg steeds meer gekoppeld aan het van oorsprong Amerikaanse *Web of Science*. Dit mag de overzichtelijkheid in de wetenschap bevorderd hebben (hoewel ook daar discussie over is), het heeft ook een aantal serieuze beperkingen. Daarover gaat dit hoofdstuk.

Citaties

In mei 1961 ontving Eugene Garfield, eigenaar-directeur van het Institute for Scientific Information (ISI) in Philadelphia, een subsidie van $300.000 voor het opzetten van een nieuw type zoeksysteem in de wetenschap, de *Citation Index*.[2] Het doel was om onderzoekers sneller, exacter en vollediger te informeren over publicaties op hun vakgebied. Veel wetenschappers maakten zich zorgen over de explosieve toename van wetenschappelijke publicaties en de groeiende fragmentering van de wetenschap: hoe moest je daar je weg nog in vinden? De *Science Citation Index* (SCI) zou dit probleem oplossen, zo was de belofte.

Het nieuwe instrument werd een groot succes, maar niet alleen als zoeksysteem. De SCI bleek ook heel geschikt te zijn om te bepalen welke publicaties belangrijk gevonden werden en welke niet. In een wetenschappelijke publicatie plaatst een auteur vrijwel altijd verwijzingen *(references)* naar eerdere publicaties. Daarmee geeft hij een *citatie* aan die eerdere publicatie en dat geldt als erkenning van het belang dat een document heeft voor die auteur. In de SCI wordt vervolgens in kaart gebracht hoeveel citaties een artikel ontvangt. Hoe vaker een artikel geciteerd wordt, des te meer 'impact' het heeft op het vakgebied, zo was de redenering. Op eenzelfde manier ging men ook voor tijdschriften een rangorde vaststellen: tijdschriften waarnaar vaker verwezen wordt, hebben een hogere *impact factor*. De *Journal Impact Factor* (JIF) is een ratio van citaties en (recent gepubliceerde) citeerbare items. Een JIF van 1.0 voor een tijdschrift betekent dat een artikel in dat tijdschrift gemiddeld eenmaal wordt geciteerd.

Ten slotte kan men met de SCI ook de relatieve invloed van onderzoeksgroepen en zelfs de status van individuele onderzoekers, bijvoorbeeld in de vorm van de *h-index* vaststellen. De h-index werd in 2005 in het leven geroepen door de fysicus Jorge Hirsch.[3] De index combineert productiviteit en citatie-impact. Hij wordt berekend door een rangorde te maken van het aantal publicaties van een bepaalde onderzoeker op basis van het totaal aantal citaties dat deze heeft gekregen. Iemand met een h-index van 40 heeft ten minste 40 artikelen gepubliceerd die elk ten minste 40 keer geciteerd zijn. Hoe hoger de h-index hoe beter. Hoewel er vanuit bibliometrisch oogpunt allerlei problemen kleven aan de h-index, is hij razend populair geworden onder onderzoekers in allerlei wetenschapsgebieden. Zo kun je op een cv tegenwoordig vermeld zien staan: '> 185 papers, h-index 40'.

Hoe zat het eigenlijk met de h-index van Stapel? Hij had onmiskenbaar een hoge productie, maar werd zijn werk ook veel geciteerd, had het *impact?* Maarten Keulemans, wetenschapsredacteur van *de Volkskrant*, ging na wat Stapels score was in het jaar van zijn ontmaskering. In dat jaar stond zijn naam als (co)auteur bij 115 artikelen in het *Web of Knowledge*, en was zijn h-index 14,58. Ruim 14 van zijn publicaties waren dus ten minste 14 keer geciteerd. Dat is aanzienlijk lager dan de h-index van zijn vakgenoten Ap Dijksterhuis (40,8), Ad van Knippenberg (33,6) en Paul van Lange (29,8).[4]

Kwantiteit als kwaliteit

Met de invoering van de Science Citation Index en het Web of Science (tegenwoordig Web of Knowledge) ontstond gaandeweg een nieuw vakgebied: de *bibliometrie* (ook wel 'sciëntometrie' genoemd), waarin de wetenschap wordt afgebeeld als een citatienetwerk. In de sciëntometrie vormt het wetenschappelijk tijdschriftartikel de basiseenheid voor het analyseren van publicatiepatronen in de wetenschap. Aan deze keuze is te zien dat de sci zijn oorsprong vindt in de natuurwetenschappen, de *sciences,* waar de wetenschappelijke communicatie vooral verloopt via tijdschriftartikelen. Het Web of Science bevat geen gegevens voor wetenschapsgebieden waarin vooral via boeken gepubliceerd wordt, zoals in de *humanities* (geesteswetenschappen).

Belangrijk is ook te beseffen dat de sci en de bibliometrie geen betrekking hebben op de *inhoud* van artikelen. Het gaat enkel en alleen om een *formeel kenmerk:* het aantal malen dat een artikel is geciteerd. Impliciet wordt aangenomen dat dit een indicator is van wetenschappelijke kwaliteit. De aldus berekende impact en het wetenschappelijk belang van een artikel worden hier aan elkaar gelijkgesteld. Uiteraard kunnen de motieven om een bepaald artikel aan te halen van velerlei aard zijn: men kan het na grondige bestudering van groot belang vinden, maar men kan het ook juist ten onrechte invloedrijk vinden. Freud wordt bijvoorbeeld vaak aangehaald, maar in veel gevallen met het doel zijn werk te bekritiseren. Veel vaker zal citeren een zeker ritueel karakter hebben: men laat zien te weten welke publicaties in het eigen vakgebied 'ertoe doen'.

De Science Citation Index, die bedoeld was om de wetenschap overzichtelijker te maken, droeg echter ongewild bij aan het omgekeerde: een drastische toename van het aantal tijdschriften en tijdschriftartikelen. Immers, wanneer (groepen) onderzoekers worden afgerekend op hun productiviteit, wordt de druk vergroot om de productiviteit op te voeren. De sci kan die grotere aantallen publicaties op zich wel verwerken, maar omdat hij afziet van inhoudelijke criteria, leveren zijn ordeningen geen bijdrage aan de theoretische coherentie van een vakgebied.

Het criterium 'productiviteit gemeten aan aantal tijdschriftartikelen' groeide in de loop van de jaren negentig uit tot een perverse prikkel. 'Hoeveel had jij er het afgelopen jaar?' werd een gangbare vraag in de decembermaand. Vooral in wetenschapsgebieden waar de theoretische coherentie gering is, leidde de productiviteitsprikkel tot een zinloze vergroting van complexiteit en onoverzichtelijkheid. In 1973 bedacht de Amerikaanse psycholoog Andrew Barclay de metafoor van de ontplofte confettifabriek om deze chaotische situatie te typeren. Volgens zijn waarneming namen psychologen in hun onderzoek steeds meer afstand van de wereld en produceerden ze meer en meer stukjes informatie over menselijk gedrag. Vervolgens schrijft hij: 'This mass of information has been termed the "knowledge explosion", but it is more like an explosion in a confetti factory; everything gets covered with little bits of paper, but they hardly matter in the long run; they are not even whole sheets of paper. The situation's outcome was obvious: Everyone became interested in smaller and smaller bits of behavior.'[5]

Hoewel andere Nederlandse psychologen als Jan Beijk en Hubert Duijker deze metafoor al in de jaren zeventig hadden overgenomen, was het Piet Vroon die haar in zijn *Volkskrant*-columns populariseerde. En in het *Nederlands Tijdschrift voor de Psychologie* schreef hij in 1993 over 'Een schoorsteenbrand in de confettifabriek'.[6] Hij hekelde daarin op de van hem bekende welsprekende wijze de groeiende oppervlakkigheid die als gevolg van de nieuwe publicatiecriteria in de psychologie ingang vindt. Er is sprake van een overdaad aan experimenteel onderzoek en die heeft als oorzaak 'dat onderzoekers snel willen en moeten "scoren". De gemakkelijkste manier om in die rol erkenning te vinden, is het uitvoeren en beschrijven van een experiment, desnoods met een karakter dat zelfs door de bedenker niet op een verstandige manier kan worden toegelicht. Theorievorming vereist doorgaans meer inspanning, die bovendien niet wordt beloond. [...] Eerste zorg van de aan de universiteit verbonden psycholoog is dat hij jaarlijks een lijstje met publicaties kan overleggen dat de ambtenaren tevreden stelt die zich alom met "wetenschapsbeleid" en "onderzoeksbewaking" zeggen bezig te houden. [...] We worden immers afgerekend op *aantallen* geschriften, bij voorkeur gepubliceerd in het Engels; het gaat niet om de interne en externe relevantie daarvan, grootheden die door de ambtenaren ook niet beoordeeld kunnen worden.'

Hoewel formeel het prestige van een onderzoeker niet afhankelijk is van aantallen publicaties (de invoering van de h-index is al een nuttige correctie hierop), heeft het idee dat iemand met veel publicaties ook een goede wetenschapper is hardnekkig wortel geschoten op de werkvloer van menige onderzoeksafdeling. In de laten jaren negentig, toen Stapel zijn kansen bepaalde op een verdere carrière als hoogleraar, was het voor hem volkomen duidelijk dat hij zich 'in de kijker moest spelen' door het genereren van een flinke stroom Engelstalige tijdschriftartikelen. In *Ontsporing* voert hij een ambitieuze wetenschapper ten tonele, die op de vraag 'wanneer word jij nou professor?' antwoordde dat hij er al bijna was: 'Ik moet 120 publicaties hebben. Ik heb er nu 103. Nog even dus.'[7]

Zo simpel gaat het in de praktijk natuurlijk ook weer niet, maar de bijbehorende publicatiedrang had zich stevig in Stapels psyche genesteld. Zelfs toen hij al hoogleraar was, bleef hij uiterst gevoelig voor het competitie-element in de sociale psychologie. Een stokkende publicatiestroom als gevolg van mislukte experimenten, zoals hem in 2003 overkwam, was voor hem een grote ramp. Hij wilde niet alleen veel publiceren, maar ook in de beste tijdschriften, lees: de tijdschriften met de hoogste impactfactor. Dat zijn echter ook de tijdschriften met het hoogste percentage afwijzingen. 'Publiceren is moeilijk en duurt vaak lang', schrijft Stapel en hij geeft vervolgens een levendig beeld van de publicatiecyclus: commentaar van de peers, herschrijven, soms toch afwijzen – en dan 'stuur je je artikel naar een tijdschrift met een wat mindere status. Daar volgt dezelfde procedure. En nog een keer. En nog een keer. Totdat je artikel ergens definitief is geaccepteerd en een plekje heeft gevonden. Desnoods in het afvoerputje.'[8]

Ook op een andere manier ging Stapel strategisch handelen: wanneer een onderzoek mooie resultaten liet zien, probeerde hij een lange serie van gelijksoortige experimenten te ontwerpen. 'Dan kon ik twee, drie, vier artikelen maken, veel dunne plakjes salami produceren en extra veel applaus genereren.'[9] Met het woord 'salami' verwees Stapel naar de snerende typering 'salamiwetenschap' voor het verdelen van de resultaten van één onderzoek over zo veel mogelijk publicaties, waarbij het de kunst is de 'kleinst publiceerbare eenheid' te vinden.

Tot wat voor klimaat het willen scoren aanleiding geeft, blijkt uit een interview dat Stapel gaf toen hij in 2009 genomineerd werd voor de 'Moderne Man-prijs' van het ministerie van Onderwijs: 'Ik ben ambitieus en succesvol in mijn werk. Hetzelfde geldt voor mijn vrouw. We hebben samen kinderen dus moet je er samen iets van proberen te maken. Werken in de stad waar ik woon, betekent dat ik de kinderen naar school breng.' En vaak moet het werk dan maar buiten kantooruren: 'Ik werk ook vaak 's avonds en 's nachts door en dat moet je maar willen en kunnen.

Ik heb geleerd om op alle mogelijke momenten te werken. Nu denk ik eerder: oké, ik heb 20 minuten, laat ik nog even een paragraaf in elkaar draaien.' Sinds hij zorg en arbeid zo combineert is hij 'minder zichtbaar op congressen, maar ik compenseer dat door erg goed werk af te leveren. Als je ervoor kiest om structureel een dag minder te werken, dan ligt de bewijsvoering dat je goed werk af kunt leveren ook aan jouw kant. Jij moet laten zien dat je productiever bent dan de rest.'[10]

Ambivalentie

Wetenschappers hebben over het algemeen een dubbelzinnige houding tegenover de nadruk op prestatie-indicatoren en het strategisch gedrag dat daardoor bevorderd wordt – het gebruik van de term 'salamiwetenschap' wijst daar al op. Aan de ene kant doen wetenschappers hun best om hun prestatiescores te etaleren, waarmee ze niet alleen hun eigen zichtbaarheid maar ook de verbreiding van dit soort indicatoren bevorderen. Aan de andere kant beschouwen ze de beoordeling van wetenschappelijke kwaliteit als iets van wetenschappers onderling en relativeren ze de rol die universiteitbestuurders aan kwantitatieve evaluaties ('managementinformatie') toekennen.[11]

Ook Stapel toonde zich hierin ambivalent. Aan de ene kant noemde hij de druk om te publiceren – *publish or perish* – een redelijke zaak: 'elke fabriek moet producten afleveren'.[12] De tijd van vóór de jaren negentig, toen de universiteiten een tamelijk stoffig imago hadden, is gelukkig voorbij, aldus Stapel. Het zijn nu professionele, bedrijfsmatig opererende instellingen, waarin ook wetenschappers hun 'targets' moeten halen. Die targets zijn echter kwantitatief en worden bepaald door bestuurders. En hier komt de keerzijde in beeld: het gebruik van kwantitatieve indicatoren leidt volgens Stapel niet tot hogere kwaliteit: 'Zodra universiteiten financiële extra's krijgen die gebaseerd zijn op het aantal publicaties en proefschriften dat ze afleveren, wordt het produceren van zo veel mogelijk – niet het maken van zo goed mogelijke – publicaties en proefschriften het doel.'[13]

Hoewel met de introductie van de h-index de nadruk op zo veel mogelijk publiceren verschoven is naar zó publiceren dat je de kans op citaties vergroot, blijft het beoordelingssysteem calculerend gedrag bevorderen. Als onderzoeker doe je er goed aan om je publicatiestrategie zodanig te kiezen dat je de kansen vergroot op verhoging van je h-index. Impliciet verschuiven je doelen dan onvermijdelijk van 'goed onderzoek doen' naar het behalen van hoge scores. In bepaalde vakgebieden kan dat leiden tot een collectieve verschuiving van soorten werkzaamheden. Activiteiten die niet bijdragen aan het behalen van hoge citatiescores (zoals het schrijven van boeken of van Nederlandstalige artikelen) nemen dan in frequentie af.

Is dat erg? Moeten we er niet gewoon van uitgaan dat het publiceren van artikelen in Engelstalige tijdschriften per definitie een teken is van kwaliteit, al was het maar omdat die artikelen dan een plaats krijgen in de rangorde van het Web of Knowledge en andere databases? Onderzoeksmanagers zullen hier zonder meer mee instemmen. Onderzoekers zijn, zoals gezegd, ambivalent: je kunt weigeren het spel mee te spelen, maar dan kom je in feite ook echt buitenspel te staan. De criteria worden simpelweg opgelegd. Dan staat er bijvoorbeeld: 'Onderzoekers voldoen aan de kwalificatiecriteria als zij in de loop van vijf jaar vijf internationale publicaties hebben geschreven', dat wil zeggen: artikelen die gepubliceerd zijn in een tijdschrift dat voorkomt in de Social Sciences Citation Index.

Het invoeren en hanteren van een beoordelingssysteem is wellicht onvermijdelijk, maar het moet wel met beleid gebeuren en met kennis van de sterke en zwakke punten van de citatie-indexen. Deskundigen op het gebied van sciëntometrie en citatieanalyse wijzen met enige regelmaat op de voetangels en klemmen die de praktische toepassing van gegevens uit de citatie-indexen aankleven. Met welke beperkingen en effecten moet je daarbij rekening houden?

Citatieanalyse en peer review

Het systeem van citatie- en impactanalyse gaat uit van een aantal veronderstellingen. De eerste is al genoemd: de sciëntometrie brengt wetenschap in kaart op grond van haar formele kenmerken. Zowel de inhoud van de artikelen als de context waarin ze tot stand komen, wordt tussen haakjes gezet. De tweede veronderstelling is dat met citatieanalyse iets gezegd kan worden over kwaliteit: vaak geciteerde publicaties zouden inhoudelijk meer waard zijn dan weinig geciteerde publicaties. Het aantal malen dat een artikel geciteerd wordt, is volgens die redenering een adequate maat van de impact of kwaliteit ervan. De derde veronderstelling is dat de onderzochte publicaties representatief zijn voor het betreffende vakgebied. Dat verschilt echter per (sub)discipline: de representativiteit hangt af van de mate waarin publicaties zijn opgenomen in de citatiedatabase. Voor de natuurwetenschappen is dat vaker het geval dan voor de geesteswetenschappen, waar men het onderzoek meestal in de vorm van boeken publiceert. Wanneer bibliometrische gegevens worden gebruikt als beoordelingscriteria, is hun representativiteit voor de geesteswetenschappen twijfelachtig. De introductie van een dergelijk systeem oefent wel druk uit op de publicatiecultuur in een wetenschapsgebied: in de sociale wetenschappen, bijvoorbeeld, is men in toenemende mate de publicatiegewoontes van de natuurwetenschappen gaan overnemen, ten koste van bijvoorbeeld boekpublicaties en vakpublicaties.

De operationalisering van kwaliteit als 'aantal citaties in SCI-tijdschriften' wordt vooral gelegitimeerd door verwijzing naar het systeem van peer review: de beoordeling van de kwaliteit van wetenschappelijk werk door deskundige vakgenoten.[14] Dit systeem bestond al vanaf de achttiende eeuw, maar het vond pas na de Tweede Wereldoorlog verbreiding, als gevolg van de groei en specialisatie van de wetenschap. Zo'n beoordeling door vakgenoten kan op meerdere momenten in de onderzoekscyclus plaatsvinden, bijvoorbeeld bij het indienen van een onderzoeksvoorstel om financiering te krijgen en, na voltooiing van het onderzoek, bij het ter publicatie aanbieden van de rapportage ervan. Een derde vorm van peer review is de regelmatige beoordeling van onderzoeksgroepen, universitaire afdelingen en zelfs nationale bijdragen aan de wetenschap.

De groei van het aantal aangeboden artikelen leidde enerzijds tot uitbreiding van het aantal tijdschriften, anderzijds tot strengere beoordelingsprocedures. Met de explosieve groei van het aantal aangeboden artikelen vanaf de jaren tachtig trad – zelfs met een navenante groei van het aantal tijdschriften – een nieuw probleem op: de kwaliteit van de beoordeling. Peers horen in alle vrijheid, onbevooroordeeld en anoniem hun kwaliteitsoordeel te bepalen, maar ze hebben daar steeds minder tijd voor. Die tijdnood kan mede verklaren waarom zelfs beoordelaars van de tijdschriften met een hoge impactfactor de vervalsingen en fouten in de door Stapel aangeboden artikelen niet ontdekten.

Publicatiebias

Hierbij kan ook een andere factor een rol gespeeld hebben: de wens van wetenschappelijke tijdschriften om spannende en goed leesbare artikelen in huis te halen. Levelt c.s. constateren in hun rapport een 'voorkeur van tijdschriften voor mooie, bondige, aansprekende bevindingen', 'eventueel ten koste van de nodige wetenschappelijke zorgvuldigheid'.[15] Tijdschriften (en niet alleen in de sociale psychologie) oefenen druk uit op auteurs om hun artikelen te stroomlijnen. Ze zouden erop aandringen vooral 'leuke uitkomsten' te presenteren, met weglating van saaie nuances en 'mislukte' experimenten. Hieruit blijkt dat niet alleen onderzoekers en onderzoeksafdelingen maar ook wetenschappelijke tijdschriften calculerend gedrag tentoonspreiden, met als doel hun impactscore te verhogen. Mede daardoor vertonen tijdschriften ook de neiging om verhalen te publiceren met 'positieve' resultaten (dat wil zeggen: bevestiging van de hypothesen). Dit verschijnsel staat bekend als 'publicatiebias': artikelen waarin de bevestiging van theoretische verwachtingen uitblijft, vinden niet hun weg naar de tijdschriften, ook al zijn ze verkregen in goed uitgevoerd onderzoek, terwijl artikelen met 'positieve' resultaten wel worden gepubliceerd.

De aandrang van tijdschriften om 'mooie publicaties' te leveren, heeft bij onderzoekers strategisch gedrag tot gevolg. Zij gaan er zich op richten de gevraagde 'positieve' resultaten te produceren: de al eerder besproken confirmatie- of verificatiebias. Blijkens het rapport van de commissie-Levelt is deze confirmatiebias in de sociale psychologie wijdverbreid, ook blijkens de acceptatie of zelfs aanmoediging ervan door de leidende tijdschriften. Voor Stapel vormde dit een belangrijke reden om de bakens te verzetten van complex, theoriegestuurd onderzoek, zoals in zijn proefschrift, naar 'sexy' onderzoekjes waarin sterke *effect sizes* konden worden gerapporteerd. Daarbij waren dubieuze onderzoekspraktijken geen uitzondering, al weten we nu uit de bevindingen van de commissie-Levelt dat de coauteurs van Stapel deze praktijken eerder gewoon dan dubieus vonden. Ze accepteerden ze als procedures die 'vooral gericht waren op een snelle, positieve afhandeling van dataverzameling, -analyse en -rapportage, met het oog op het halen van publicatiecriteria'.[16] Ook hieruit bleek dus dat de extrinsieke motivatie via opgelegde publicatienormen de overhand had gekregen.

Beeldvorming

De publicatiebias, die in ieder geval in delen van de sociale psychologie is geconstateerd, leidt dus tot allerlei problemen met betrekking tot de integriteit van wetenschappelijk onderzoek en wetenschappelijke publicaties. Daarnaast kleeft er aan de nadruk op publicaties een fundamenteler probleem, dat samenhangt met de kenmerken van de citatieanalyse als onderzoeksstrategie.

Door zich te baseren op bibliografische verwijzingen in de wetenschappelijke literatuur creëert de SCI een specifiek beeld van wetenschap. De wetenschappelijke literatuur vormt een representatie van wetenschappelijk onderzoek, maar uiteraard niet een-op-een: er worden altijd bepaalde aspecten weggelaten en andere juist sterk benadrukt. De SCI op zijn beurt representeert de wetenschappelijke literatuur en kan dus gezien worden als een *tweede-orde representatie* van wetenschap. De SCI beeldt de wetenschap af als een citatienetwerk en hanteert daarbij de vooronderstelling dat er geen belangrijke bijdragen over het hoofd gezien worden.

De citeerfrequentie lijkt een goede manier om wetenschappelijke kwaliteit of impact objectief vast te stellen. Daarbij gaat men ervan uit dat de citeerfrequentie iets meet wat er al is. De basis van de citatieanalyse is de verwijzing. De verwijzing is, zoals gezegd, lang niet altijd een blijk van inhoudelijke waardering, soms is zij een kwestie van 'krediet geven', soms een manier om de lezer te overtuigen en soms gewoon een kwestie van routine of lippendienst. Een citatie in de sciëntometrische analyse is niet identiek met de verwijzing die de wetenschapper geeft. De citatie is het product van de citatie-indexmaker en de citatiecultuur is het product van een vertaalproces dat samenhangt met de manier waarop de Science Citation Index wetenschap representeert (en dat is niet hetzelfde als exact weerspiegelen). Terwijl een verwijzing een unieke handeling van een auteur weergeeft, hebben citaties een universele kwaliteit: 'All citations are equal.'[17] Omdat de citatiefrequentie van ieder artikel gemeten kan worden, kan ieder artikel vergeleken worden met ieder ander artikel, los van de onderwerpen die aan de orde zijn.

Hoe komt die universaliteit tot stand? Allereerst wordt bij de omzetting van verwijzing naar citatie de lokale context van het citerende document weggehaald. Ten tweede wordt de lo-

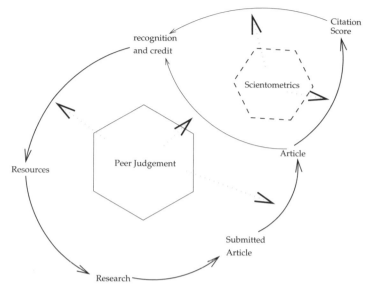

De geloofwaardigheidscyclus na invoering van de citatieanalyse.
Bron: Wouters, *The citation culture*, 206

kale context van de indexerende institutie gewist. Het is een vorm van standaardisatie. Met taal en geld hebben citaties ook gemeen dat ze gebaseerd zijn op een systeem van massaproductie. Een citatie heeft alleen betekenis als ze in verband staat met andere citaties: het is een zelfverwijzend systeem, zoals intelligentie is wat een IQ-test meet. Er zit een cirkelredenering in: de meest geciteerde onderzoekers zijn 'goed' (in de zin van vaak geciteerd) *omdat* ze veel geciteerd zijn.

Kennis als cyclus

Kennisproductie kan worden weergegeven als een cyclisch proces waarin bepaalde inputs, zoals geld en arbeidskracht, omgezet worden in bepaalde outputs, zoals wetenschappelijke artikelen en kennisclaims.[18] Een belangrijk kenmerk ervan is de al genoemde beoordeling van wetenschappelijke kennis door vakgenoten. De *peerreviewcyclus* (van onderzoeksvoorstel tot aangeboden artikel) wordt beïnvloed door politieke prioriteiten, financiële overwegingen en culturele invloeden, maar in beginsel heeft hij wetenschappelijke expertise als grondslag. In de *citatiecyclus* wordt de informatie uit de eerste cyclus bewerkt tot abstracte, kwantitatieve rangordeningen, op het niveau van publicaties, tijdschriften, onderzoeksgroepen en onderzoekers. De peerreview- en citatiecycli beïnvloeden elkaar. De gebruikte kwantitatieve indicatoren kunnen de inhoudelijke beoordeling van wetenschappelijk werk beïnvloeden, bijvoorbeeld wanneer publicatie in een sci-tijdschrift een onafhankelijk criterium in de wetenschap wordt. Enzovoort. De citatiecyclus kan ten slotte ook verandering brengen in de manier waarop wetenschappers erkenning krijgen: de *geloofwaardigheidscyclus*. Hierbij moet men zich goed realiseren dat het meten volgens prestatie-indicatoren op een totaal andere expertise gebaseerd is dan het beoordelen van de wetenschappelijke deugdelijkheid of originaliteit van een artikel.

Een nieuwe werkelijkheid

Al met al is het systeem van beïnvloeding en beoordeling in de wetenschappen gelaagder en complexer dan vaak gesuggereerd wordt, wanneer bijvoorbeeld gesproken wordt over publicatiedruk in de vorm van 'meer status door meer publiceren'. Tegelijkertijd berust de vanzelfsprekendheid waarmee kwaliteit wordt gelijkgesteld aan citatiescores en impactfactoren op een aantal vooronderstellingen die bij nadere inspectie, zeker in de sociale wetenschappen, onhoudbaar zijn. Dat vormt echter geen beletsel om er geloofwaardigheid en prestige aan te ontlenen. Er wordt dus, kortom, een nieuwe werkelijkheid gecreëerd, die weer van invloed is op de wetenschapsbeoefening zelf.

Op een analoge manier wordt ook in de sociale psychologie een nieuwe werkelijkheid gecreëerd, en wel via het experiment. Daarover gaat hoofdstuk 8.

8 Sociale psychologie als experiment

Stapel kan zich voegen in de rij van succesvolle kruiden-
vrouwtjes, magnetiseurs, illusionisten en Jomanda's, en
hij behoort tot de top! Hij heeft duidelijk aangetoond dat
psychologie geen wetenschap is en geen activiteit die op
een universiteit thuishoort. Als je meer dan twintig jaar zo
je gang kunt gaan en je collegae beschouwen je als behorend
tot de top, dan is er duidelijk iets mis in de zielkunde.
In één klap kan Zijlstra alle faculteiten psychologie sluiten
en de studenten met een enkele reis naar huis sturen.

Ingezonden brief van de ruimtevaartingenieur H.F.R. Schöyer,
NRC *Handelsblad*, 5 nov. 2011.

De ontmaskering van Stapel betekende zwaar weer voor de sociale psychologie. In de publieke opinie werd het vakgebied door
columnisten en ingezondenbrievenschrijvers geridiculiseerd en
soms werd (zoals in bovenstaande brief) meteen maar de ophef-
fing van de gehele psychologie aanbevolen. Mede door de omvang en duur van Stapels fraude kwam de geloofwaardigheid
van de sociale psychologie ook in de wetenschappelijke wereld
onder druk te staan. De verslagenheid onder de Nederlandse
sociaalpsychologen was groot.[1] In eigen kring voerden zij heftige discussies over de te volgen koers, maar in het openbaar hiel-
den zij zich veelal aan het adagium 'wie geschoren wordt, moet
stilzitten'.

Sommigen trokken zich daar niets van aan. Nog geen week na
de ontmaskering van Diederik Stapel schreef de Amsterdamse
sociaalpsycholoog Gerben van Kleef in *de Volkskrant* dat velen
de affaire-Stapel aangrepen om 'hun sluimerende ongenoegen
en vooroordelen over de (sociale) psychologie en aanpalende
"boterzachte" wetenschappen te ventileren'.[2] Volgens hem was
dat volkomen misplaatst: 'Sociaalpsychologisch onderzoek is
nodig, juist nu. Veel grote hedendaagse problemen zijn sociaalpsychologisch van aard. Hoe herstellen we het vertrouwen in de

overheid? Hoe kunnen we succesvolle integratie bevorderen? Wat is de effectiefste manier om terrorisme te bestrijden? Hoe kunnen we machtsmisbruik en fraudeschandalen voorkomen? En waar komt de toenemende hufterigheid (van vleeseters én vegetariërs) in de samenleving vandaan? Al deze vragen kunnen worden geanalyseerd aan de hand van sociaalpsychologische modellen en bevindingen.'

Ook Ellen de Bruin, chef van de wetenschapsredactie van NRC *Handelsblad* en gepromoveerd sociaalpsycholoog, kwam het benarde vakgebied te hulp: 'Frauderende hoogleraren zijn niet bepalend voor de sociale psychologie. Zonder die wetenschap zouden we de mens minder goed begrijpen.'[3] We leren van de sociale psychologie bijvoorbeeld over de effecten van groepsdruk op waarneming en gedrag van mensen. We leren vooral dat die invloeden vaak onbewust zijn. Mensen weten meestal niet waarom ze iets doen. Als je het ze vraagt, verzinnen ze motieven – maar die kloppen vaak niet. Kortom, sociaalpsychologen weten beter dan wijzelf waar ons gedrag vandaan komt, en dat 'beter weten' is gebaseerd op serieus onderzoek. Het bewijs daarvoor is dat onderzoeksaanvragen van sociaalpsychologen goed scoren bij NWO-subsidierondes: 'Waarom zou de samenleving veel geld uitgeven aan een tak van wetenschap die louter draait om fraude en onzin? Dat is ook niet zo,' aldus De Bruin.

Deze laatste opmerking klinkt als een cirkelredenering: er wordt veel geld aan de sociale psychologie uitgegeven en dus is het een serieus vak. Maar in de onderzoeksvisitatie psychologie 2011 wordt de Nederlandse sociale psychologie de hemel in geprezen: 'De Nederlandse sociale psychologie heeft zich in de afgelopen twee decennia zeer goed ontwikkeld. Alle programma's zijn sterk en leveren relevante bijdragen aan de maatschappij. [...] De staat van de sociale psychologie in Nederland is excellent. Haar programma's floreren: ze produceren eersteklas onderzoek en bieden graduate-onderwijs van het hoogste kaliber.'[4] Over het Tilburgse programma 'Social decision-making', onder leiding van Marcel Zeelenberg, schrijft de QANU dat het gaat om fundamenteel onderzoek met een grote maatschappelijke relevantie. Met spijt wordt geconstateerd dat de productiviteit onlangs wat is afgenomen, maar gezien de veerkracht en inventiviteit die het programma in het verleden heeft getoond, verwacht de QANU dat dit wel weer in orde komt.[5] Diederik Stapel maakte, als directeur van Tiber, overigens geen deel uit van dit programma.

Nederlandse sociaalpsychologen doen het ook internationaal goed, en niet alleen in de vaktijdschriften. Terwijl de affaire-Stapel in volle gang was, verscheen het tweedelige *Handbook of Theories of Social Psychology*, met de Nederlandse sociaalpsycholoog Paul van Lange, werkzaam aan de VU, als eerste redacteur. Wie het prestigieuze (en ook peperdure) handboek doorneemt, komt gemakkelijk onder de indruk van de grote hoeveelheid uiteenlopende theorieën – ik telde er maar liefst 51 – die elk weer steunen op soms lange reeksen onderzoekingen.

Wat is het probleem?

Het lijkt er met de sociale psychologie, kortom, niet zo beroerd voor te staan. Moeten we nu aannemen dat de affaire-Stapel vooral het maatschappelijke imago van de sociale psychologie heeft beschadigd, en dat er buiten de schijnwerpers van de media sprake is van een solide vakgebied, dat nu – ten onrechte – in een kwaad daglicht wordt gesteld? Kan met de verwijdering van Diederik Stapel uit de academische arena alles weer in orde komen? Wie wat langer rondkijkt in de wereld van de sociale psychologie, kan constateren dat niet iedereen daar voetstoots van overtuigd is. Het gaat hier niet alleen om de aanwezigheid van 'slodderwetenschap', het schenden van methodologische principes waar de commissie-Levelt op wees. Sommigen maken zich ook zorgen om de neiging tot het produceren van 'weetjes', zoals: 'Mensen zijn oprecht gelukkiger als de zon schijnt dan wanneer het regent en achter een ronde vergadertafel komen mensen eerder tot overeenstemming dan wanneer ze aan een rechthoekige tafel moeten onderhandelen.'[6]

Naar aanleiding van de affaire-Stapel signaleerde Carsten de Dreu, hoogleraar psychologie van arbeid en organisatie aan de Universiteit van Amsterdam, 'een toenemende neiging in veel wetenschapsdisciplines om snel iets spectaculairs te melden in de media'. 'Er is een zekere hang naar "hipheid" in de sociale psychologie.' Universiteiten worden 'hijgeriger' onder druk van de overheid en de markt. Sommige tijdschriften, zoals *Psychological Science,* tonen zich vooral geïnteresseerd in spectaculaire resultaten.[7]

De hoogleraar sociale psychologie Fritz Strack, van de Universiteit van Würzburg, beschrijft hoe de sociale psychologie in het laatste decennium steeds meer publieke belangstelling kreeg, onder andere door populairwetenschappelijke boeken als *Blink* van Malcolm Gladwell en *Social animal* van David Brooks.[8] De keerzijde van die belangstelling is hang naar het spectaculaire. Journalisten hebben geen zin in ingewikkelde methodologische of conceptuele kwesties, ze willen nieuws dat verkoopt, bevindingen die even simpel als spectaculair zijn. Zelfs uit serieuze onderzoeken weten journalisten nog wel een saillant detail te peuren, aldus Strack. Wetenschapstijdschriften als *Science* en *Nature* laten zich bij de beoordeling sterk leiden door de mate waarin een artikel mediageniek is. Universiteiten maken een top tien van medewerkers die het vaakst in de media verschijnen. Volgens Strack gaat de sociale psychologie hier te veel in mee, waardoor ze een verzameling curiosa dreigt te worden waar vooruitgang wordt afgemeten aan het aantal spectaculaire verschijnselen dat publiek wordt gemaakt.

Stapel was een duidelijke representant van deze trend, al schoof hij vaak zijn medewerkers naar voren als het ging om de media-aandacht. Janneke Jolij bijvoorbeeld, in 2008 bij Lindenberg en Stapel gepromoveerd, haalde begin december 2008 het *Jeugdjournaal* met een onderzoek waaruit bleek dat het tonen van de attributen van Sinterklaas – staf, mijter en het Grote Boek – kinderen zou aanzetten tot sociaal gedrag. En Debra Trampe, in 2007 bij Stapel gepromoveerd, haalde zelfs de *New York Times*.[9] Uit een artikel dat ze met Stapel en de Groningse sociaalpsycholoog en methodoloog Frans Siero publiceerde in het *Journal of Consumer Research*, bleek dat het afbeelden van mooie schoenen of kleding in advertenties vrouwen herinnert aan hun eigen tekortkomingen, waardoor ze zich lelijker gaan voelen. Beide publicaties waren overigens gebaseerd op door Stapel aangeleverde, verzonnen gegevens.

Bij zijn aantreden in Tilburg had Stapel *media exposure* van het onderzoek binnen zijn instituut Tiber tot een uitgangspunt gemaakt, zoals we in hoofdstuk 6 al zagen. Maatschappelijke relevantie stond voor hem gelijk aan nieuwswaarde. Relevant onderzoek was onderzoek waarmee je de kranten haalde. Dat betekende dat je aansprekende en spannende thema's moest kiezen en dat je je minder moest richten op het verder uitbouwen van theoretische onderzoekslijnen. Dat laatste was vanuit wetenschappelijk oogpunt misschien wel interessant, maar wil je het grote publiek bereiken, dan moet je avontuurlijker wegen inslaan, aldus Stapel.

Strack en andere sociaalpsychologen die afkerig zijn van dergelijke media-effecten, bepleiten een heroriëntatie naar een meer theoretische sociale psychologie, en een sterkere concentratie op fundamenteel onderzoek. Daarmee gaan ze in tegen een trend die aan de universiteiten en ook bij een deel van de wetenschappelijke tijdschriften in opkomst is, waarin media-aandacht fungeert als een equivalent van maatschappelijke relevantie. Hoe relevant is de sociale psychologie eigenlijk? Hier stuiten we op een eigenschap die de sociale psychologie al eerder in moeilijkheden heeft gebracht: de kunstmatigheid van het laboratoriumexperiment.

Experimenteren in de sociale psychologie

De geschiedenis van een wetenschapsgebied geeft altijd een gekrioel van stromingen en benaderingen te zien, waarbij sommige boven komen drijven om dan na verloop van tijd kopjeonder te worden geduwd door een benadering die de gunsten van het publiek en de geldschieters heeft weten te verwerven. Zo ook kunnen gevestigde disciplines een nieuw gebied claimen als onderafdeling, om het vervolgens te moeten afstaan aan een sterker buurland. De geschiedenis laat minstens vijf of zes verschillende sociale psychologieën zien, met uiteenlopende disciplinaire affiliaties en methodologische voorkeuren.[10] Zo kenden zowel de sociologen als de psychologen een gebied dat ze sociale psychologie noemden. Daarnaast waren in de vorige eeuw onder de naam 'sociale psychologie' allerlei combinaties van marxisme, psychoanalyse, culturele antropologie en geschiedenis populair, met als hoofdfiguren Wilhelm Reich, Theodor Adorno, Erich Fromm, Herbert Marcuse, Erik Erikson en Norbert Elias, namen die hedendaagse sociaalpsychologen waarschijnlijk weinig zullen zeggen. Afgezien van enkele periodes van interdisciplinaire samenwerking, hadden de 'sociologische' sociaalpsychologen en de 'psychologische' sociaalpsychologen nauwelijks contact met elkaar. Hun werelden groeiden steeds meer uit elkaar en uiteindelijk hebben de sociologen hun claim op de naam (maar niet op het gebied) prijsgegeven.

Na de Tweede Wereldoorlog werd de sociale psychologie in toenemende mate een zaak van psychologen – en ze werd in toenemende mate experimenteel, te beginnen met de Verenigde Staten. De gangmaker was de voor de nazi's gevluchte Kurt Lewin, die aan het Massachusetts Institute of Technology een laboratorium opzette voor het onderzoeken van 'groepsdynamica', bijvoorbeeld over de effectiviteit van verschillende typen leiderschap (autoritair of democratisch). Zijn experimenten dienden in de eerste plaats om een verschijnsel te demonstreren, dus niet zozeer om een theorie te bewijzen of een hypothese te toetsen.[11] Bovendien had Lewin er nadrukkelijk praktische bedoelingen mee: de sociale psychologie zou moeten bijdragen aan het oplossen van sociale problemen.

Voor Lewin was sociale psychologie de 'psychologie van de kleine groep'. Bij zijn collega Leon Festinger stond echter het individu centraal, dat wil zeggen: de invloed van de sociale context op het denken en doen van individuen. Bovendien was Festinger vooral geïnteresseerd in fundamenteel onderzoek: de praktijk kon wel wachten. Hij was de bedenker van de cognitievedissonantietheorie – hoe mensen strijdige gedachten of neigingen 'oplossen' – en demonstreerde de werkzaamheid daarvan in lange reeksen experimenten. Van Lewin nam Festinger het idee over dat experimenten illustraties waren van bepaalde psychologische mechanismen, maar hij gaf ze een strakkere methodologische inbedding. Hij liet zich vooral leiden door de wetenschappelijke status van experimenteel onderzoek, het zou echte conclusies mogelijk maken over oorzaak-gevolgrelaties. In een echt experiment kan de onderzoeker de zaken helemaal naar zijn hand zetten, met de precieze condities die hij wil hebben. Sommige variabelen houdt hij onder controle en andere manipuleert hij. Alleen dan kun je het effect van de manipulatie van de onafhankelijke variabelen op de afhankelijke variabelen observeren en meten, zo schreef Festinger in 1953. Alleen door allerlei factoren te elimineren krijg je controle over alle ruis uit het dagelijks leven.

Hoewel dit lijkt te wijzen op methodologische hardheid, was tegelijkertijd het aantal vrijheidsgraden in het opzetten van het onderzoek levensgroot: een onderzoeker heeft alle ruimte om de situatie af te stemmen op zijn experimentele doeleinden, schreef Festinger. En zijn collega's Aronson en Carlsmith merkten vijftien jaar later op dat er bijna evenveel manieren zijn om een experiment uit te voeren als er experimentatoren zijn. Bovendien bevatten sociaalpsychologische experimenten allerlei dagelijkse en minder expliciete aspecten, die moeilijk te specificeren zijn in onderzoeksverslagen vanwege hun relatief artistieke, intuïtieve en vluchtige karakter. Het gehoorzaamheidsonderzoek van Stanley Milgram vormt hiervan een goede illustratie. Er werd immers gedemonstreerd dat gewone mensen er door het uitoefenen van sociale druk toe gebracht konden worden hun morele grenzen te overschrijden. Bij zo'n demonstratie hoort ook dat een experimentator vooral gespitst is op positieve effecten. Festinger pleitte er in 1954 zelfs voor om negatieve resultaten te negeren, hij zag ze eerder als een signaal dat de operationalisering niet goed gelukt was dan dat de theorie onjuist was.

Naïeve proefpersonen

Hoe ziet zo'n experiment er tegenwoordig uit? Proefpersonen komen in een laboratorium met een aantal hokjes waarin een pc staat. De onderzoeker heeft een computerprogramma, met daarin het experiment, klaargezet. Dat kan gaan om allerlei soorten situaties, variërend van het beoordelen van reacties op subtiele cues op het beeldscherm tot experimentele situaties waarin proefpersonen een keuze moeten maken tussen samenwerking of eigenbelang. Bij dergelijke experimenten wordt veel gebruikgemaakt van studenten als proefpersonen. Psychologiestudenten kunnen (en moeten) studiepunten verdienen door als proefpersoon deel te nemen aan experimenten die gedaan worden door onderzoekers uit hun opleiding. Vaak wordt grappend (of snerend) gezegd dat de resultaten van sociaalpsychologisch onderzoek alleen geldig zijn voor jongerejaarsstudenten psychologie. Sociaalpsychologen gaan er echter van uit dat het onderzochte effect zo algemeen is dat de werking ervan in iedere bevolkingscategorie aanwezig is en gedemonstreerd kan worden.

Sociaalpsychologen hebben dus de experimentele methode geïmporteerd uit de natuurwetenschappen in de hoop daarmee harde, causale verbanden te kunnen blootleggen tussen omgevingsfactoren en individueel doen en denken. Een complicerende factor hierbij is dat de objecten waaraan zij deze verbanden willen demonstreren – menselijke proefpersonen – niet naïef

WAT IS charisma? Diederik Stapel, 36-jarig hoogleraar cognitieve sociale psychologie aan de Rijksuniversiteit Groningen, vraagt het zich al maanden af. Gefascineerd zag hij het afgelopen jaar hoe een deel van de Nederlandse bevolking viel voor de charmes van Pim Fortuyn. Hoe kon dat gebeuren? Kwam het door Fortuyns politieke boodschap, of speelden ook onbewuste processen een rol? Als sociaal psycholoog, en meer specifiek als iemand die zich verdiept in het onbewuste van de mens, vond Stapel dat hij moest kunnen bijdragen aan een antwoord op die vraag.

En dus bedacht hij een test om te bekijken waarom mensen zich tot een 'charismatische persoonlijkheid' aangetrokken voelen. Hij stelde daarvoor, zoals een wetenschapper betaamt, eerst een aantal hypothesen op.

De mixed message van Fortuyn – een vrijzinnige homo die de islam 'achterlijk' vindt – kon er iets mee te maken hebben, vermoedde Stapel. Dan waren er natuurlijk Fortuyns ongewone taalgebruik en uiterlijk: de dure pakken, de forse dassen onder het kale hoofd, de vele one-liners. En wellicht had ook 11 september, die breuk in de geschiedenis die de tegenstellingen flink polariseerde, er iets mee te maken.

In de test, waaraan de afgelopen weken alle Groningse studenten psychologie meededen, heeft Stapel, samen met zijn collega-psycholoog Ernestine Gordijn, deze mogelijke verklaringen getoetst. Eerst moesten de studenten door middel van vragenlijsten invullen wat zij vonden van bepaalde studentenzaken, zoals de hoogte van het collegegeld, de mate van studenteninspraak en de eigen verantwoordelijkheid voor de studievoortgang.

Twee weken later moesten ze terugkomen om nieuwe vragenlijsten in te vullen. Ditmaal gingen de onderzoekers kijken of ze de studenten van mening konden laten veranderen. Ze kregen, voordat opnieuw naar hun voorkeuren werd gevraagd, teksten en een foto te zien van een fictieve studentenleider. Die deed allerlei uitspraken over studiezaken. De truc was, dat de teksten en foto's per groep studenten verschilden. Soms waren de boodschappen bijvoorbeeld consequent, soms ook niet – dan pleitte de leider bijvoorbeeld voor meer inspraak én een verhoging van het collegegeld. De ene keer keek hij op de foto recht in de camera, de andere keer keek hij opzij. In sommige teksten sprak hij in korte, staccato one-liners, in andere uitte hij zich in wollige taal. Soms was hij aantrekkelijk, soms niet. En bij een aantal sessies liet Stapel de studenten eerst via bepaalde vragen nadrukkelijk aan 11 september denken, en bij andere sessies liet hij dat achterwege.

De uitkomsten van de proef zijn pas in november bekend, zegt de psycholoog. Maar als zijn hypothesen kloppen, dan zijn de studenten die een aantrek-

zijn. Mensen zijn voortdurend bezig hun omgeving te interpreteren en hun gedrag daaraan aan te passen. Dat gebeurt ook als ze meedoen aan een sociaalpsychologisch experiment: ze zoeken actief naar informatie over de bedoeling van het onderzoek en laten zich leiden door wat er van hen verwacht wordt. Met hun alledaagse psychologische kennis kunnen proefpersonen de opzet van een experiment dus gemakkelijk om zeep helpen en dat geldt zeker voor studenten die in hun opleiding al enige kennis hebben verworven over de wetenschappelijke psychologie.

Proefpersonen moeten dus naïef gemaakt worden, net zoals proefdieren naïef zijn over de geneeskunde of quarks over de wetten van de fysica. Hoe doe je dat? Door ze opzettelijk te misleiden over het doel van het experiment, zodat ze op 'natuurlijke' wijze reageren op de experimentele conditie. Bij dergelijk bedrog spelen verschillende kwesties. Allereerst is het de vraag of proefleiders erin slagen hun proefpersonen effectief te misleiden. Vaak hebben mensen toch door wat de bedoeling is of hebben ze een andere interpretatie van de experimentele situatie dan de experimentator had bedacht. Je zou proefpersonen eigenlijk grondig moeten interviewen over wat ze nu echt hebben gedacht tijdens het experiment, maar dat gebeurt bijna nooit. De befaamde psycholoog en methodoloog A.D. de Groot betreurde dat, want 'daarmee wordt een voortreffelijk middel om simplistische modellen door te prikken en onrijpe interpretaties en theorieën te weerleggen categorisch buitenspel gehouden. Door dit ernstige methodologische verzuim lijkt de proefpersoon dommer en de psycholoog slimmer dan hij is – en dat is dan weer goed voor de groei van de experimentele literatuur en van het establishment...'[12]

Crisis in de sociale psychologie

Aan het eind van de jaren zestig leidden twijfels aan de wenselijkheid en zinvolheid van dit type experimenten tot een crisis in de sociale psychologie. Behalve methodologische kwesties als *demand characteristics* en *expectancy effects,* werden ook ethische vragen gesteld: mag je proefpersonen wel zo misleiden en bedriegen? Zelfs als het voor hen geen ernstige gevolgen heeft (wat in bijvoorbeeld de experimenten van Milgram en Zimbardo wel het geval was), heeft het iets ongemakkelijks om medemensen te dehumaniseren tot onwetende dataproducerende organismen. Als onderzoeker heb je dus als eerste taak jezelf hartgrondig te overtuigen van het belang van je onderzoek voor wetenschap en maatschappij. Oudgedienden van de experimentele sociale psychologie, zoals Festinger, hadden daar geen enkel probleem mee: 'I do not see the harm in temporarily deceiving persons in order to study some important question.'[13] Ten tweede moet je je proefpersonen zien als vijanden, als actoren die oneindig veel mogelijkheden in zich hebben om je experiment te laten mislukken en die dat zullen doen ook, als je ze niet op het verkeerde been zet.

Tijdens de 'crisis' van de sociale psychologie waren niet alleen methodologische en ethische kwesties aan de orde, er werden ook fundamentele vragen gesteld over het nut en de relevantie van dergelijk onderzoek. Als je bepaalde effecten bij proefpersonen slechts kunt bewerkstelligen door in experimenten alle 'ruis' van het dagelijks leven uit te filteren, wat zeggen de resultaten dan voor dat dagelijks leven? Is het via experimenten losmaken van personen uit hun sociale context geen paradoxale operatie als je iets zinvols wilt zeggen over hun sociaal functioneren? Zijn de theorieën die sociaalpsychologen ontwikkelen niet eerder beschrijvingen van gedrag in een specifieke historische en culturele context dan universeel geldige oorzaak-gevolgrelaties?

Vertegenwoordigers van de hoofdstroom van de experimentele sociale psychologie verwaardigden zich doorgaans niet op dergelijke fundamentele kritiekpunten te reageren. De ethische en methodologische bezwaren werden, zo goed en zo kwaad als het ging, opgelost door het introduceren van 'debriefing'-sessies na afloop van het experiment en door het verzinnen van meer verfijnde manieren om de proefpersonen in het ongewisse te laten over het doel van het experiment. Toch raakte de experimentele psychologie een tijd lang in diskrediet. In een overzicht van de stand van zaken in de (Nederlandse) psychologie rond 1980 schreef Piet Vroon dat het laboratoriumonderzoek in de sociale psychologie enigszins op zijn retour leek te zijn. De oorzaak daarvan was niet alleen 'dat talrijke studies op soms zeer kleine deelgebieden elkaar ernstig blijven tegenspreken, ook de relevantie van de resultaten is in de ogen van sommigen onduidelijk'.[14]

De kritiek werd overigens niet alleen geuit door buitenstaanders. In 1997 verzamelden sociaalpsychologische coryfeeën als Morton Deutsch, Harald Kelley, Elliott Aronson, Philip Zimbardo, Leonard Berkowitz en Robert Zajonc zich in Yosemite National Park (Californië) om te bediscussiëren wat de belangrijkste ontwikkelingen in het vakgebied waren geweest gedurende hun loopbaan.[15] Het beeld dat uit het verslag van die discussie oprijst is weinig bemoedigend. Naar hun mening was de 'Gouden Eeuw' van de experimentele sociale psychologie voorbij, er was weinig betrouwbare nieuwe kennis verzameld, het vakgebied kende weinig cumulatie en er bestond weinig consensus over hoofdzaken. Sommigen gaven de tegenbeweging rond de sociale psychologie de schuld. Zo meende Zimbardo dat de experimentele methode van haar glans beroofd was door de acties van 'some cognitive social psychologists, human subjects research committees, Protestants, and female social psychologists'.[16]

In weerwil van deze sombere oordelen wist de experimentele sociale psychologie zich te handhaven en zelfs tot nieuwe bloei te komen. Ze slaagde daarin vooral door het creëren van een eigen domein, met eigen regels en codes. Daarbij raakte ze ook steeds meer in zichzelf gekeerd: eerder dan naar relevante kwesties in de buitenwereld ging de aandacht vooral uit naar wat er in andere laboratoria was onderzocht. Publiceren in Engelstalige wetenschappelijke tijdschriften uit het eigen vakgebied werd het belangrijkste doel. Dat gebeurde in de Verenigde Staten, maar vanaf de vroege jaren negentig ook steeds meer in Europa.

Experimenteerfabriekjes
Sommige sociaalpsychologen lijken daarbij de versimpeling van de werkelijkheid, bijvoorbeeld in speltheoretische experimenten, op de koop toe te nemen. De VU-onderzoeker Harold

Houba typeerde de onderhandelingen bij de tussenformatie van het kabinet-Rutte als te complex om door te rekenen met speltheorie. 'Je kunt wel duizend variabelen in je model stoppen, maar daar wordt de voorspellende waarde doorgaans niet beter van. Ik beperk mijn modellen toch liever tot alleen de spelregels van de onderhandeling en de strategische belangen van de spelers. Dat is natuurlijk een zeer beperkte weerspiegeling van de werkelijkheid, maar geloof me: het is al complex genoeg.'[17]

De experimentele sociale psychologie lijkt in hoge mate een zelfverwijzend sociaal systeem te zijn geworden: men richt zich in de eerste plaats op de eigen vakgenoten en houdt zich vooral bezig met het verzinnen van experimenten die publicaties moeten opleveren. Kritiek hierop vanuit de sociale psychologie zelf is slechts mondjesmaat te vernemen en meestal zijn het Europeanen die meer of minder voorzichtig de kat de bel aanbinden, zoals de in Engeland werkzame Ivana Marková, die schreef: 'Above all, we must conclude that social psychology is a lonely discipline that speaks only to itself.'[18] Opmerkelijk is de pittige diagnose die Roos Vonk stelde over haar vakgebied. In haar oratie uit mei 2002 zei ze dat sociaalpsychologen in de ivoren toren hun eigen wereld hebben gecreëerd: 'Onze theorieën gaan over die wereld. We doen onderzoek met studenten als proefpersonen, met behulp van computers. We noemen dat ons "laboratorium", net als de natuurwetenschappers.'[19]

Haar opmerkingen over de positie van proefpersonen in sociaalpsychologische experimenten vormen een echo van de kritiek uit de jaren zeventig: 'Als we de proefpersoon vragen stellen, kijken we vaak niet zozeer naar het antwoord als naar de reactiesnelheid. We gaan er eigenlijk van uit dat proefpersonen zelf niet veel inzicht hebben in datgene wat zich tussen hun oren afspeelt. De proefpersoon kan, net als een natuurwetenschappelijk onderzoeksobject, niet terugpraten.' Al met al hebben sociaalpsychologen een steeds grotere kloof gecreëerd tussen de dagelijkse werkelijkheid en het onderzoekslaboratorium, aldus Vonk: 'Onze laboratoria zijn kleine experimenteerfabriekjes geworden waar lopendebandwerk wordt verricht.'

Vervolgens geeft ze een openhartig inkijkje in de denkwijze van de gemiddelde sociaalpsycholoog, die de speld weet te vinden maar het zicht op de hooiberg totaal kwijt is: 'We denken te veel aan vragen als "Hoe meten we dit in het lab" en "Hoe krijgen we dit gepubliceerd", en te weinig aan vragen die interessant zijn. [...] Als ons artikeltje gepubliceerd is, dan is het klaar en gaan we de volgende speld zoeken.' De adoptie van deze strategie heeft de Nederlandse sociale psychologie geen windeieren gelegd, aldus Vonk: 'We staan met zijn allen in het gezaghebbende *Journal of Personality and Social Psychology*, we halen zoveel subsidies binnen dat we amper weten waar we het personeel vandaan moeten halen, en we zijn op internationale congressen zwaar oververtegenwoordigd vergeleken met de rest van Europa. [...] We worden voor vol aangezien door onze grote broer, de Amerikaanse sociale psychologie.'

'Is that all there is?' lijkt Vonk hier te zeggen, en zelf trok ze de conclusie dat er meer moest zijn, een wereld buiten het laboratorium, met meer inspiratie en bezieling, en andere mogelijkheden om je als sociaalpsycholoog te laten gelden. Vonk Zelfbepaling was daarvan het resultaat. Ook anderen twijfelden aan de koers die de sociale psychologie had ingezet, iets wat overigens pas na de affaire-Stapel goed zichtbaar werd. Gideon Keren, emeritus-hoogleraar sociale psychologie aan de Universiteit van Tilburg, zegt: 'We werken niet genoeg vanuit de theorie. We doen experimenten, verzinnen er een verhaal bij, maar geen algemene theorie. Stapel is het schoolvoorbeeld van de wetenschapper die van het ene naar het andere onderwerp zwerft.'[20] Ook Paul van Lange van de VU kritiseert de hijgerigheid en gejaagdheid in zijn vakgebied en bepleit meer nadruk op het ontwikkelen van grote theoretische lijnen, zodat empirisch onderzoek meer richting en focus kan krijgen.[21]

Het lijkt erop alsof de affaire-Stapel ruimte heeft gecreëerd voor tegengeluiden binnen de sociale psychologie waarin de dominante koers – experimenteel, korte artikeltjes, mediagerichtheid – ter discussie wordt gesteld. In februari 2013 verscheen in het *European Journal of Social Psychology* een opmerkelijk artikel van Naomi Ellemers, hoogleraar sociale psychologie van de organisatie in Leiden. Zij signaleert in de sociale psychologie een drastische toename van korte onderzoeksartikelen in de afgelopen twintig jaar en een grotere nadruk op spectaculaire nieuwe bevindingen. Dat vergroot de versnippering van kennis in het vakgebied. In haar pleidooi om de snippers met elkaar te verbinden – 'Connecting the dots' heet haar artikel – bepleit ze niet alleen het creëren van bredere, cumulatieve theorieën, ze stelt ook voor van de sociale psychologie (weer) een echte sociale wetenschap te maken. Dat kan door samen te werken met andere disciplines, niet alleen, zoals nu de mode is, met neurowetenschappers, maar ook met sociologen, cultureel antropologen en politicologen. En waarom niet ook verbindingen leggen met de geesteswetenschappen en de rechtswetenschap? Ten slotte zouden sociaalpsychologen er goed aan doen zich niet blind te staren op de experimentele methode. Het met andere methoden bestuderen van het 'werkelijke leven' kan verfrissende inzichten opleveren en de levensechtheid, en daarmee de 'echte' impact, van de sociale psychologie vergroten.

Geloofwaardigheid

De affaire-Stapel betekent gezichtsverlies voor de sociale psychologie, al was het maar omdat hij zo lang door kon gaan met frauderen en hier zelfs steeds driester in werd. Zijn publicaties pasten in een stramien van korte artikelen met mooie, spannende resultaten, waar niet alleen de massamedia maar ook sociaalpsychologische vaktijdschriften veel belangstelling voor hadden. Hoe weinig serieus het publiek dit soort spectaculaire weetjes neemt, bleek toen Stapel ontmaskerd werd: hef het hele vakgebied maar op, zo viel wijd en zijd te horen.

Dit geluid, dat past in een traditie die sinds de jaren zeventig tot het Nederlandse cultuurgoed behoort, staat echter in scherp contrast met vakwetenschappelijke oordelen.[22] De kwaliteitsbewakers van de Nederlandse wetenschap, de QANU, beoordelen de staat van de Nederlandse sociale psychologie als 'excellent.' Dit wordt vooral, maar niet uitsluitend, afgemeten aan de aantallen publicaties die ze weet te genereren en de mate waarin deze, blijkens citatiescores, door de internationale onderzoeksgemeenschap gewaardeerd worden.

Hoe moeten we deze tegenstelling tussen publieke minachting en academische waardering verklaren? Om te beginnen moeten we ons realiseren dat instanties als de QANU niet in de eerste plaats zelf een inhoudelijk kwaliteitsoordeel vellen: ze baseren zich op de indicaties van waardering (via citatiescores) die vakgenoten vellen en daarbij werkt de macht van het getal. Wanneer een vakgebied gedomineerd wordt door een veelheid aan korte, versnipperde publicaties, kunnen sommigen dat op inhoudelijke gronden een probleem vinden, maar het betreffende vakgebied kan het dan toch 'goed doen' in onderzoeksvisitaties.

Ten tweede heeft de voorkeur binnen de sociale psychologie voor de individugerichte, experimentele methode haar maatschappelijke geloofwaardigheid aangetast. Mensen hebben over het algemeen een duidelijk besef van de complexiteit van het sociale leven en zijn daardoor weinig geïmponeerd als sociaalwetenschappers met behulp van 'experimentjes' deze complexiteit tot enkele variabelen weten te reduceren. Hoezeer men in eigen kring ook overtuigd is van de kwaliteiten van de experimentele methodiek, daarbuiten viert de scepsis hoogtij. In dit verband is het voor sociaalpsychologen natuurlijk extra pijnlijk als zij, bijvoorbeeld van de commissie-Levelt, te horen krijgen dat zij het experimentele spel niet volgens de regels gespeeld hebben. Dan rijst, in diverse toonaarden, de vraag: hoe kan het beter?

9 Beterschap

Integrity is doing the right thing even when no one is watching.

C.S. Lewis, *The inner ring*, 1962 (geciteerd in KNAW, *Zorgvuldig en integer omgaan met wetenschappelijke onderzoeksgegevens*, 52)

De ontmaskering van Diederik Stapel en de successieve rapportages van de commissie-Levelt hebben uiteenlopende beelden van wetenschap gemobiliseerd. Voor degenen die wetenschappelijk werk zien als een verheven en objectieve activiteit, waarin intellectuele waarden op de eerste plaats komen, is iedere manifestatie van fraude een schok. Fraude betekent dat iemand – de fraudeur – zijn persoonlijke belangen boven de algemene belangen van de wetenschap heeft gesteld. Ook heeft de fraudeur het vertrouwen geschonden dat zijn collega's in hem hadden. Gelukkig, zo zegt men dan, is de zelfreinigende kracht van de wetenschap zo groot dat de fraudeur op enig moment tegen de lamp loopt en vervolgens uit de wetenschappelijke gemeenschap wordt gestoten. De rotte appel wordt uit de mand gegooid.

Het andere, tegenovergestelde beeld van wetenschap houdt in dat integriteit in de wetenschapsbeoefening in hoge mate afhankelijk is van contextfactoren. Als studenten tijdens hun opleiding niet goed worden ingewijd in de gedragscodes van de wetenschapsbeoefening, lopen ze een vergroot risico op grensoverschrijdend gedrag. Als men het in een vakgebied niet zo nauw neemt met methodologische principes, ligt 'slodderwetenschap' op de loer. Als de pakkans voor fraudeurs klein is, is de verleiding groot om over de schreef te gaan. Kortom, als de mand rot is, worden de appels daardoor aangestoken.

Het eerste, verheven beeld van wetenschap is lang dominant geweest. Fraudeurs werden gezien als enigszins gestoorde afwijkelingen, die de verleiding of de drang niet konden weerstaan. Terwijl hun naaste collega's zich naar eer en geweten van hun taken kweten, vervalsten of verzonnen de fraudeurs hun gegevens om er zelf beter van te worden. Met het rapport-Levelt werd dat beeld genuanceerd: Stapel bedroog zijn collega's, zeker, maar ze gaven hem ook de ruimte. Dat ze dat deden, hing samen met specifieke kenmerken van de onderzoeks- en publicatiecultuur in (delen van) de sociale psychologie, aldus Levelt. Vooral methodologen grepen deze conclusie aan om de sociale psychologie de les te lezen.

In dit hoofdstuk bespreek ik de verschillende maatregelen die sinds de ontmaskering van Diederik Stapel zijn voorgesteld om fraude te bestrijden en te voorkomen. Mijn uitgangspunt daarbij is dat fraude in alle wetenschapsgebieden voorkomt, maar ook dat de vorm die ze aanneemt per wetenschapsgebied kan verschillen, samenhangend met de uiteenlopende publicatiegewoontes in de diverse disciplines. Het is dus enerzijds logisch om te zocken naar algemene remedies (fraude komt overal voor), anderzijds moet men rekening houden met disciplinespecifieke kenmerken en gewoontes.

Fraudebestrijding in de Nederlandse wetenschap

Afgezien van enkele incidenten was fraude in de Nederlandse wetenschap tot het begin van de jaren negentig geen kwestie van betekenis. Daaraan kwam in 1993 een einde met het verschijnen van het boek *Valse vooruitgang,* geschreven door de wetenschapsjournalist Frank van Kolfschooten. Geïnspireerd door *Betrayers of the truth* van zijn Amerikaanse collega's Broad en Wade, zette Van Kolfschooten een lange reeks fraudegevallen uit de Nederlandse wetenschapsbeoefening (waaronder de affaire-Buck) op een rij. In zijn slothoofdstuk concludeerde hij dat 'in het Nederlandse academische zelfbeeld geen plaats [is] voor bedrog'.[1] De universitaire politiek inzake fraude wordt gekenmerkt door struisvogelpolitiek, achterkamers, doofpotten en ad-hocbeleid, zo concludeerde hij en hij riep de verantwoordelijke bestuurders op hier iets aan te doen.

Mede hierdoor aangespoord, publiceerden KNAW, NWO en VSNU in oktober 1995 gezamenlijk de *Notitie inzake wetenschappelijk wangedrag.* Deze notitie bevatte globale procedures voor de behandeling van fraudegevallen en aanbevelingen voor maatregelen om fraude te voorkomen, zoals onderwijs aan studenten en jonge onderzoekers in wetenschappelijke ethiek en protocol-

De belangrijkste schendingen van wetenschappelijke integriteit zijn:

a. het vervalsen van gegevens
b. het invoeren van fictieve gegevens
c. het heimelijk verwerpen van onderzoekresultaten
d. het opzettelijk verkeerd gebruiken van (statistische) methoden
e. het opzettelijk verkeerd interpreteren van resultaten
f. het plagiëren van (delen van) publicaties en resultaten van anderen
g. het zich onterecht voordoen als medeauteur
h. het opzettelijk negeren en niet erkennen van bijdragen van andere auteurs
i. het begaan van verwijtbare onzorgvuldigheden bij het verrichten van onderzoek.

KNAW (2012) *Zorgvuldig en integer omgaan*, 56.

len met betrekking tot experimenteel onderzoek. De notitie had geen officiële status en er werd nauwelijks iets mee gedaan.[2]

In 2000 publiceerde de KNAW een boekje met voorbeelden van ethische dilemma's uit de wetenschapsgeschiedenis: *Wetenschappelijk onderzoek: dilemma's en verleidingen*. Na stevige kritiek van Van Kolfschooten nam de KNAW de brochure uit de roulatie, waarna in 2005 een herziene editie verscheen. Het idee was dat deze brochure gebruikt zou gaan worden in het onderwijs, maar daaraan leek weinig behoefte te bestaan. In ieder geval werd het bestaan ervan binnen de universiteiten niet nadrukkelijk bekendgemaakt – ikzelf ontdekte het boekje door een toevallig contact met de auteur ervan, Johan Heilbron.

In mei 2003 volgde de oprichting van het LOWI, het Landelijk Orgaan Wetenschappelijke Integriteit (KNAW/NWO/VSNU), waarvan de socioloog Kees Schuyt sinds 2006 voorzitter is. Vanaf 1 januari 2005 geldt voor alle onderzoekers aan universiteiten de *Nederlandse Gedragscode Wetenschapsbeoefening*, die in 2012 enigszins werd herzien. Deze gedragscode bevat, na een herziening in 2012, ook een opsomming van de belangrijkste vormen van fraude.

In haar interim-rapport uit oktober 2011 noemde de commissie-Levelt het handhaven van de gedragscode als eerste aanbeveling. 'Vertrouwen blijft de basis van alle wetenschappelijke samenwerking', aldus de commissie, maar dat vertrouwen 'kan echter alleen gedijen in een onderzoeksomgeving waarin de regels van het spel helder en expliciet zijn'.[3] In dat verband beval de commissie aan dat stafleden bij hun aanstelling aan de universiteit contractueel vastleggen dat zij een gedragscode (*code of conduct*) met betrekking tot wetenschappelijke integriteit respecteren en met het oog daarop een korte cursus volgen waarin ofwel de *Nederlandse Gedragscode Wetenschapsbeoefening* ofwel de *European Code of Conduct for Research Integrity* behandeld wordt. In dit verband moet overigens, hoe wrang het ook is, gememoreerd worden dat sinds 2006 de Tilburgse psychologiestudenten hun lessen wetenschapsethiek kregen van Diederik Stapel.

Databeheer en zorgvuldigheid

Tot de verdere aanbevelingen van de commissie-Levelt behoorde de suggestie dat psychologen hun onderzoeksgegevens beter moesten bewaren en voor inspectie door collega's beschikbaar stellen. Dit was een heet hangijzer: uit eerder KNAW-onderzoek was gebleken dat binnen de sociale wetenschappen de psychologen het meest terughoudend waren in het beschikbaar stellen van hun onderzoeksgegevens.[4] Naar aanleiding van meer algemene discussies over databeheer had de KNAW per 1 november 2011 een Commissie Onderzoeksgegevens in de wetenschap ingesteld, hieronder verder aangeduid als de commissie-Schuyt. De aanleiding daarvoor was in eerste instantie de wens om onderzoeksgegevens beter toegankelijk te maken voor andere onderzoekers: *data sharing*. De commissie-Schuyt organiseerde hierover een conferentie (op 12 december 2011) en voerde een verkenning uit, waarna zij adviseerde dat onderzoeksgegevens in het algemeen minstens vijf jaar lang voor derden toegankelijk zouden moeten zijn.

Vanwege de affaire-Stapel vroeg de KNAW aan de commissie-Schuyt ook een antwoord te geven op de vraag 'hoe zoiets mogelijk was' en hoe de zorgvuldigheid en integriteit in de omgang met onderzoeksgegevens konden worden verbeterd. De commissie merkte hierover allereerst op dat tussen wetenschapsgebieden grote verschillen bestaan in onderzoeksculturen en dat algemene uitspraken over de zorgvuldige omgang met onderzoeksgegevens daarom niet mogelijk zijn.[5] Zij koos voor het bepalen van de risico's op integriteitsschending een interessante invalshoek, te weten de verschillende fasen van het onderzoeksproces.[6]

Onderzoek kent doorgaans een gedeeltelijk vrije beginfase, die bestaat uit de uitwerking van probleemstelling en onderzoeksopzet, gegevensverzameling en analyse. Controle en toetsing worden daarin overgelaten aan de individuele onderzoeker of onderzoeksgroep. In deze fase is de zorgvuldige omgang met onderzoeksgegevens doorslaggevend, aldus de commissie-Schuyt. Er is ook een beoordeling achteraf, door peer review van de rapportage (in de vorm van een conceptpublicatie). Na publicatie staat de onderzoeksrapportage uiteraard bloot aan beoordeling door de gehele wetenschappelijke gemeenschap. Naarmate die laatste controle lastiger uitvoerbaar is, bijvoorbeeld doordat onderzoeksgegevens moeilijk toegankelijk zijn, ligt het voor de hand de aandacht meer op de beginfase te richten.

De commissie-Schuyt wijst hier in het bijzonder op situaties waarin onderzoek individueel wordt verricht en de gegevens door de onderzoeker zelf worden verzameld, beheerd en gepresenteerd, zoals bij Stapel het geval was. Voorkomen moet worden dat onderzoek een 'eenzaam avontuur' is. Dat is een zaak van de onderzoeksinstellingen zelf. Zij hebben tot taak 'een klimaat te scheppen en te onderhouden waarin [een] houding van zorgvuldigheid en verantwoordelijkheid kan gedijen. Een sterk kritische cultuur is daarbij doorslaggevend.'[7] Daarvoor is *peer pressure* nodig van bij het onderzoek betrokken collega's, promotoren, enzovoort. Ook tijdschriften hebben een verantwoordelijkheid: redacties dienen erop toe te zien dat onderzoeksresultaten kunnen worden verantwoord; de onderliggende data zouden als regel toegankelijk moeten zijn voor andere onderzoekers.

Wetenschapsculturen

Een interessante invalshoek voor het analyseren en voorkomen van fraude geeft de commissie-Schuyt wanneer ze ingaat op de rol van informele processen binnen de wetenschap.[8] De wetenschappelijke gemeenschap bestaat uit talrijke informele circuits en netwerken – lokaal, nationaal en internationaal. Daar worden informele kwaliteitsbeoordelingen van elkaars werk gegeven en worden posities voor besturen van wetenschappelijke verenigingen en redacties van tijdschriften verdeeld. Die informele circuits hebben een aanzienlijke macht: 'Formele organisaties als universiteiten en onderzoeksinstellingen [...] kunnen nooit het hart van het wetenschappelijk onderzoek bereiken indien de informele netwerken van wetenschapsbeoefenaren daar niet aan meewerken.'[9]

Ook als het gaat om (het voorkomen van) fraude zijn die netwerken van groot belang want daar 'wordt de wetenschappelijke cultuur van een wetenschapsgebied gevormd en ontstaan de normen en waarden over wat hoort en wat niet door de beugel kan. Daar hebben universiteiten niet of nauwelijks invloed op.' Ook het doorgeven van die normen en waarden vindt plaats in die wetenschappelijke subculturen: studenten en jonge onderzoekers worden niet alleen in technische zin opgeleid, maar ook in morele zin. Ze moeten de normen van wetenschappelijke integriteit zodanig verinnerlijken dat deze tot een tweede natuur worden. Het kennisnemen van officiële gedragscodes is op zich een goede zaak, maar persoonlijke normen omtrent de praktijk van de wetenschapsbeoefening ontwikkelen zich door onderlinge beïnvloeding en het voorbeeldgedrag van rolmodellen.[10]

Impliciet stelt de commissie-Schuyt de aanpak van de commissie-Levelt ten voorbeeld aan verder onderzoek naar fraude in de Nederlandse wetenschap, in het bijzonder hoe zij zich concentreerde op de verhouding tussen incident (de fraude van Stapel) en structuur (de onkritische omgeving). Een gedetailleerde vergelijking van incidenten zou kunnen leiden tot een beter inzicht in de structuur van de dagelijkse wetenschapsbeoefening. Het gaat dan niet om de persoonlijke psychische eigenschappen van de fraudeur, maar om zijn relatie tot andere wetenschapsbeoefenaren: waarom hebben die de fraude niet eerder ontdekt en aanhangig gemaakt?[11] Kenmerkend voor fraudegevallen is bijvoorbeeld dat het bijna altijd eenlingen betreft, die hun onderzoek afschermen van de blikken en de kritiek van collega's. Het ontbreekt aan peer pressure.

Op dit punt zijn Schuyt en Levelt het eens: systeemkenmerken spelen bij fraude een belangrijke rol. Daaruit volgt een belangrijke algemene aanbeveling: een verbetering van de omgang met onderzoeksgegevens kan bijdragen aan een betere fraudebestendigheid van wetenschappelijk onderzoek. Weliswaar is er geen rechtstreeks causaal verband tussen slechte en slordige wetenschapsbeoefening en fraude, maar 'het bestrijden van slechte en slordige onderzoekspraktijken en het bevorderen van goed beheer en goede intellectuele beheersing van het omgaan met onderzoeksgegevens vermindert wel de kans op ernstige norm-overschrijdingen'.[12]

Cultuurverbetering in de sociale psychologie

In september 2012 verschijnen vanuit de sociaalpsychologische wereld reacties op het rapport van de commissie-Schuyt en de interim-rapportages van de commissie-Levelt.[13] Twee verte-genwoordigers van de (sociale) psychologie, Naomi Ellemers en Carsten de Dreu, waren geïnterviewd door de commissie-Schuyt. Zij merkten op dat er in het psychologieonderwijs nau-welijks aandacht wordt besteed aan de omgang met onderzoeks-gegevens. Voor veel onderzoekers staat archivering gelijk aan: opslaan op de (huidige) computer. Er geldt wel een gedragsregel, maar die wordt weinig nageleefd. 'Er bestaan geen sancties voor het niet naleven van de ethiekregels met betrekking tot gege-vensdeling en gegevensbeheer. Verzoeken om gepubliceerde on-derzoeksgegevens zijn vaak vruchteloos, vooral als de resultaten minder overtuigend zijn of als er fouten in de gerapporteerde resultaten worden ontdekt.'[14]

Zelfs binnen teams is de gegevensdeling soms wanordelijk, reden waarom men in de sociaalpsychologische wereld meer nadruk legt op werken in teamverband en ook op het belonen van dat team. In de huidige cultuur bestaat toch te veel de nei-ging om individuen te belonen en te bevorderen. Je zou op de departementen faciliteiten voor centrale dataopslag in moeten richten, waarbij alle auteurs van een publicatie over alle materi-aal zouden moeten kunnen beschikken. Het zou norm moeten worden dat altijd twee leden van een onderzoeksteam betrokken zijn bij iedere grotere stap in het onderzoeksproces. Dit tegen-gaan van individualisering in het onderzoek lijkt vooral voor de experimentele sociale psychologie een noodzaak te zijn: 'In de psychologie, en dan met name bij experimentele (lab)studies, is het vrij gebruikelijk dat een enkeling alle verantwoordelijkheid draagt voor de verzameling van de gegevens en de verwerking daarvan. Niet alleen schept dit mogelijkheden voor ongeoor-loofd gedrag, maar ook voor vertekeningen door onder andere fouten en het te positief weergeven van resultaten.'[15]

Sommige suggesties uit de sociaalpsychologische hoek

kenmerken zich door vrijwilligheid en goede bedoelingen, bijvoorbeeld: 'Maak integer werken onderdeel van de opleiding en labmeetings.' Een prijzenswaardig idee, maar de vraag rijst wel hoe dit zich verhoudt tot andere onderdelen van het socialisatieproces van jonge onderzoekers, zoals het inzicht dat veel en snel publiceren de enige manier is om carrière te maken. Even problematisch zijn de adviezen om terughoudender te zijn in de omgang met de media. Onderzoeksgroepen en universiteiten hebben er belang bij dat 'hun' onderzoekers prominent in de media komen, en dus oefenen ze druk op hen uit om publiciteit te zoeken met nieuwe onderzoeksresultaten voordat iemand anders je voor is. De affaire-Vonk heeft echter laten zien wat er kan gebeuren als je overhaast onderzoeksbevindingen in de publiciteit brengt.

Andere suggesties hebben betrekking op de wetenschappelijke tijdschriften. Zo is er bijvoorbeeld het idee om in publicaties expliciet te vermelden wie voor welk deel van het werk verantwoordelijk is geweest. Staat dat er niet bij, dan wordt ervan uitgegaan dat alle auteurs op alle onderdelen van het artikel en het achterliggende onderzoek kunnen worden aangesproken. Dat vermindert de kans, zo is de gedachte, dat onderzoekers zich een coauteurschap laten aanleunen, ook als ze nauwelijks bij het onderzoek betrokken zijn geweest. Vereist is natuurlijk wel dat tijdschriften deze suggestie tot bindende richtlijn maken. Tijdschriften zouden ook de kwaliteit van het reviewproces moeten verbeteren door beoordelaars van manuscripten meer kritische aandacht te laten besteden aan de weergave van procedurele en beschrijvende aspecten van het onderzoek, zoals kenmerken van de steekproef, rekrutering van proefpersonen en behandeling van ontbrekende gegevens. Een verbetering van de reviewkwaliteit zou echter wel vereisen dat redactie- en beoordelingswerk beter beloond worden, dat wil zeggen dat deze activiteiten expliciet gaan meetellen in de beoordeling van geleverde prestaties van onderzoekers. Op die manier zou de snelheid van het proces van peerreview en feitelijke publicatie (de *turn-around*) verhoogd kunnen worden.

Ten slotte wijzen sommigen op een belangrijke factor in het ontdekkingsproces van fraude. De Utrechtse emeritus-hoogleraar sociale psychologie Wolfgang Stroebe vlooide, samen met zijn Groningse collega's Spears en Postmes, veertig fraudegevallen door en kwam tot de conclusie dat fraude vaak ontdekt wordt door klokkenluiders in de eigen groep.[16] Klokkenluiders hebben de interne informatie die nodig is om de fraude te bewijzen en men zou er goed aan doen hun bescherming beter te regelen door een fijnmazig netwerk van vertrouwenspersonen. Wil men fraude meer systematisch bestrijden dan via het 'particulier initiatief', dan is het zaak de pakkans te vergroten, bijvoorbeeld door het houden van *audits:* onaangekondigde steekproefcontroles bij onderzoeksgroepen.[17]

Zoiets wordt in het eindrapport van de commissie-Levelt overigens impliciet afgeraden. Het uitgangspunt van onderling vertrouwen moet niet kritiekloos gehanteerd worden, zo schrijft de commissie, maar anderzijds moet er gewaakt worden voor georganiseerd wantrouwen of overdreven bureaucratie. 'Er dient een onderzoeksomgeving gecreëerd te worden waarin onderzoekers door onderwijs, training, maar ook effectieve controle gestimuleerd worden de regels van het zorgvuldig en integer uitvoeren van wetenschappelijk onderzoek in acht te nemen.'[18] Het gaat, kortom, om een verbetering van de onderzoekscultuur, niet om extra 'bedrijfsbewaking'.

Publiceren en repliceren

In vrijwel alle aanbevelingen wordt veel nadruk gelegd op het belang van replicaties. 'Repliceerbaarheid is een noodzakelijke voorwaarde voor wetenschappelijke vooruitgang', en: 'Herhaald mislukken van replicatie zou zijn weg naar de wetenschappelijke literatuur moeten vinden.'[19] Het gaat dan om *exacte* replicaties, een procedure die met name in de sociale psychologie problematisch is. Bedoeld wordt dat exacte replicaties slechts in weinig gevallen leiden tot bevestiging van eerdere resultaten, zonder dat men weet waardoor dat precies komt. Het is bovendien een weinig populaire bezigheid, minder spannend dan het streven naar originele, spectaculaire bevindingen. Het zijn in het bijzonder de methodologen die aandringen op meer replicatiestudies,[20] maar ook de commissie-Levelt schrijft dat replicatie tot het basisinstrumentarium moet gaan behoren van de discipline en dat tijdschriften ruimte moeten bieden voor de publicatie van gerepliceerd onderzoek. Een grote belemmering is echter dat dit onderzoek moeilijk financierbaar is – geldschieters willen graag vernieuwend onderzoek. Ook tijdschriften hebben weinig trek in replicaties.

De verschillende ingenomen standpunten zijn niet los te zien van de verhouding tot het besproken wetenschapsgebied. Methodologen in de psychologie, en tot op zekere hoogte ook Levelt c.s., uiten bedenkingen bij methodologische gewoontes in de sociale psychologie. Men is er geneigd exploratief experimenteel onderzoek te laten doorgaan voor 'confirmatief' (hypothesetoetsend) onderzoek – een vorm van slodderwetenschap. De resultaten daarvan worden echter wel snel gepubliceerd, waarbij noodzakelijke replicaties achterwege blijven of niet gepubliceerd worden. Ook wordt er kritiek uitgeoefend op de neiging tot 'significantiejacht' (p-hacking) – die overigens ook elders in de psychologie voorkomt – en op de in het primingonderzoek gangbare praktijk van conceptuele replicaties.[21]

Een deel van de sociaalpsychologen verzet zich hevig tegen deze methodologische inmenging. De ophef die nu ontstaan is over het primingonderzoek is vooral het gevolg van hetzes door niet goed geïnformeerde, kwaadaardige buitenstaanders die het op de sociale psychologie voorzien hebben, zo stellen sommigen. Volgens Fritz Strack bestaan er geen methodologische procedures die gegevens en theorie zo met elkaar verbinden dat de waarheid op tafel komt als je je maar aan de regels houdt.[22] Je moet wetenschap zien als 'overtuigingsarbeid'; mensen zijn zenders en ontvangers, en de methodologie vervult een retorische rol. Methodologisch moralisme (zoals het vooraf vastleggen van hypothesen, enzovoort) is ongewenst. Evenzo zijn exacte replicaties zinloos: het gaat bij sociaalpsychologische experimenten immers in de eerste plaats om het demonstreren van de onderliggende mechanismen.

Minder schrijven, meer lezen

Wie het geheel aan bevindingen hierboven overziet, kan niet anders dan concluderen dat het volledig voorkomen van fraude onmogelijk is. Wat wel kan – en moet – is het verbeteren van de wetenschappelijke integriteit. Om die te verbeteren moet echter worden ingegrepen in het weefsel van de wetenschap zelf, de praktijken en gewoontes van onderzoek en publiceren. De standaardreflex is om dat te doen door meer regelgeving en controle, vergelijk de suggestie hierboven om onaangekondigd auditteams langs te sturen op onderzoeksafdelingen. Dergelijke maatregelen zijn waarschijnlijk weinig effectief en mogelijk zijn ze zelfs erger dan de kwaal: iedere vorm van bureaucratisering brengt zijn eigen ontduikingspraktijken met zich mee.

Het behouden en bewaken van wetenschappelijke integriteit zijn gemakkelijk als persoonlijke en intellectuele belangen in elkaars verlengde liggen, als het verwerven van roem in de wetenschap primair is gebaseerd op inhoudelijke criteria. Let wel, dan nog is fraude niet uit te sluiten, maar ze kan – anders dan in het geval-Stapel – gemakkelijker en met meer reden als een geïsoleerd geval behandeld worden. De huidige wetenschapsbeoefening kampt met grenzen aan de groei: haar financiering loopt terug en de competitie tussen wetenschappers in de strijd om de slinkende middelen wordt heviger. Politiek-economische criteria gaan dan de intellectuele overheersen en dat levert veel matige, soms slechte, soms zelfs frauduleuze publicaties op die de wetenschap niet dienen, maar die de onderzoekers nodig hebben om te overleven, aldus de Utrechtse decaan geneeskunde Frank Miedema.[23]

Het is tegen deze stand van zaken dat Kees Schuyt zich uitsprak bij de presentatie van het rapport van zijn commissie: 'Het lijkt soms wel of het aantal publicaties belangrijker is dan de kwaliteit ervan. [...] In Nederland zijn onderzoekers zo druk met publiceren dat ze er kennelijk niet meer aan toe komen elkaars stukken kritisch te lezen en uitvoerig te becommentariëren.'[24] 'Minder schrijven, meer lezen', zo luidt zijn motto.[25] Is dit een nostalgisch verlangen van een senior wetenschapper of juist een nuchter en verstandig advies aan al diegenen die zich zorgen maken om de kwaliteit van de wetenschapsbeoefening? Daarop ga ik in het slothoofdstuk een antwoord proberen te vinden. Wat hebben we te leren van de affaire-Stapel?

10 De lessen van Stapel

Persoonlijkheid op wetenschappelijk gebied heeft alleen
diegene die *louter* in dienst staat van de *zaak*.
Max Weber, *Wetenschap als beroep,* 17.

Wetenschap is een routinematig proces geworden, dat
gericht is op vooral de productie van wetenschappelijke
artikelen. Evenals in fabrieksmatige productie wordt de
output gepland en gemeten.
Rudi Wielers, Wetenschap als roeping. Max Weber en de affaire Stapel,
Sociologie Magazine, 20 (4), 27.

Stapel gaf de psychologiestudenten in Tilburg les in wetenschapsethiek. Hij kon daarbij putten uit eigen ervaring. Openheid van zaken kon hij uiteraard niet geven. Wel mag je veron-
derstellen dat hij in theorie precies wist wat wel en niet mag
in de wetenschap. Iets goed weten wil dus nog niet zeggen dat
men ook het goede doet. De directe lessen ethiek van Stapel zijn
daarom minder interessant dan de indirecte lering die we uit
zijn *Werdegang* kunnen trekken. Zijn fraude leert ons iets over de
hedendaagse wetenschap – over de scheefgroei daarin en over
mogelijkheden om deze te herstellen. Zijn fraude leert ons ook
iets over zijn vakgebied, de sociale psychologie – hoe het laboratoriumexperiment oneindige mogelijkheden biedt en juist daardoor risico's in zich draagt.

Rotte appel?
De eerste reacties vanuit de wetenschap op de fraude van Stapel
verliepen volgens de rotteappelformule. Door onderzoeksgcgc-
vens te vervalsen en te verzinnen en zijn collega's te bedriegen
ging Stapel in tegen de codes die in de wetenschap gelden. Het
probleem ligt bij hem, niet bij zijn collega's of bij de wetenschap
in het algemeen.

Deze reactie past in het algemene patroon van reageren op fraudegevallen. Universiteiten houden fraudebeschuldigingen het liefst stil en proberen aan de afhandeling daarvan zo weinig mogelijk ruchtbaarheid te geven. Als dat, bijvoorbeeld door het werk van oplettende journalisten, onmogelijk wordt, haasten de autoriteiten zich om de overtreder te isoleren. Die wordt dan de zondebok, het zwarte schaap waartegen anderen zich als lelieblanke vertegenwoordigers van wetenschap en universiteit kunnen afzetten. De wetenschappelijke wereld wordt verdeeld in schuldigen en onschuldigen, en de schuldigen worden voorwerp van een soms tomeloze minachting. In dit patroon past ook dat men een zo scherp mogelijk onderscheid maakt tussen echte fraude (fabriceren, falsificeren, plagiaat) en QRP's, dubieuze onderzoekspraktijken die kunnen voortkomen uit vergissingen, slordigheden of onwetendheid.

De Universiteit van Tilburg doorbrak het gangbare patroon van heimelijkheid door de fraude van Stapel direct in de openbaarheid te brengen en een commissie in te stellen om de zaak te onderzoeken. De universiteiten van Groningen en Amsterdam volgden. Dat Stapel zelf bekende fraude te hebben gepleegd, vergemakkelijkte de openbaarheid, maar dat was zeker niet de enige factor.

De commissie-Levelt heeft het genoemde patroon nog in een andere zin doorbroken. Zij richtte zich niet alleen op de aard en omvang van Stapels fraude, maar vroeg zich ook af hoe deze fraude, over zo lange tijd, mogelijk was geweest. Het antwoord was: als zo veel mensen met wie hij te maken had de fraude niet in de gaten hadden, dan was er iets mis met de oplettendheid en de aandacht van deze mensen ten aanzien van het werk van hun collega. Het ontbrak Stapel, kortom, aan een kritische omgeving. De commissie-Levelt concludeerde ook, onder andere op basis van gesprekken met coauteurs en collega's van Stapel, dat men er in delen van de sociale psychologie in methodologisch opzicht nogal losse opvattingen op na hield. Zij zag dit als een van de factoren waardoor de fraude van Stapel zo lang onopgemerkt kon blijven. In een omgeving waar het kneden van experimentele settings en uitkomsten gemeengoed is en men elkaar op dit punt niet scherp bij de les houdt, vallen ook verdergaande 'aanpassingen' in de onderzoeksgegevens niet snel op.

De commissie-Levelt brak wel met de traditie van toedekken

en isoleren, maar toch kenmerkt haar rapportage zich door de gangbare reinigingsmetaforen. Zij presenteert de afhandeling van de Stapel-zaak als een rituele schoonmaak van het huis der wetenschap: de ontmaskering en veroordeling van de overtreder zijn een teken dat het zelfcorrigerend of zelfreinigend vermogen van de wetenschap zijn werk heeft gedaan. In dit geval houdt de reiniging ook een advies in om binnen de sociale psychologie de bezem door slodderwetenschappelijke praktijken te halen.

Bij dat laatste legde de commissie sterk de nadruk op methodologische zuiverheid en ze wekte daarbij de suggestie dat er voor de verschillende wetenschappen één globale norm is waaraan afwijkingen en overtredingen kunnen worden afgemeten. Onderzoek naar de feitelijke gang van zaken in uiteenlopende wetenschapsgebieden leert echter dat er veel meer improvisatie in het spel is dan de methodologiehandboeken leren: 'you get there how you can'.[1] De hele route van een onderzoek is bezaaid met keuzes. Dat geldt voor de analyse van gegevens en evenzeer voor de weergave van het onderzoek. Welke handelingen en uitkomsten in zo'n keuzeproces acceptabel zijn en welke niet, is een kwestie van de concrete context waarin het onderzoek wordt uitgevoerd, de opvattingen, de onderhandelingen tussen onderzoekers onderling en met hun superieuren, enzovoort.

In de praktijk is de wetenschapsbeoefening een ingewikkelde zaak met 'gevoelige' experimenten waar van alles in gebeurt en verandert: 'Science is a messy process.' In de uiteindelijke publicaties wordt de gang van zaken altijd mooier voorgesteld; er is altijd een verschil tussen *Forschung* en *Darstellung*. Een volledige en volledig transparante weergave van een onderzoek is onmogelijk en zou door tijdschriftredacties ook niet geaccepteerd worden. Aan de eis dat een wetenschappelijk artikel alle informatie bevat die nodig is om het onderzoek exact te repliceren, kan onmogelijk voldaan worden. Een tijdschriftartikel is in wezen een mythische reconstructie van wat er werkelijk gebeurde in het onderzoek.

Stapel beheerste deze retoriek op voorbeeldige wijze. In zijn artikelen gebruikte hij het juiste jargon, hij liet zien de passende theorieën en concepten goed te beheersen en volgde de codes van zijn vakgebied tot in de puntjes. Uiteindelijk liep hij tegen de lamp omdat zijn resultaten mooier waren dan in zijn vakgebied gebruikelijk is. Behalve het beheersen van de retoriek is dus ook maatgevoel nodig, of, zoals Maarten Derksen schreef: 'Een goede fraudeur moet het juiste niveau van inexactheid in zijn veld van onderzoek treffen.'[2]

Sociale psychologie

De genoemde problemen komen overal voor, over de gehele breedte van de wetenschappen. Zijn er redenen om aan te nemen dat ze in de sociale psychologie erger zijn? Tot op zekere hoogte wel, althans voor zover zij haar heil zoekt in experimenteel onderzoek. Experimenten in de sociale psychologie hebben in de eerste plaats tot taak een werkzaam mechanisme of verschijnsel te demonstreren. Daarmee leren ze ons iets over krachten die in ons en door ons werkzaam zijn, bijvoorbeeld de effecten van groepsdruk die leiden tot conformisme en grensoverschrijdend gedrag. Veel sociaalpsychologische experimenten zijn gebaseerd op alledaagse kennis en herhalen voor de hand liggende ideeën in abstracte methodologische vorm. Sociaalpsychologische experimenten hebben vaak een allegorisch, theatraal of metaforisch karakter: 'Metaforen zijn ideaal gereedschap om iets uit te leggen, om iets duidelijk te maken, maar ze worden misschien wel vaker ingezet om mensen ergens van te overtuigen', schreef Stapel.[3] Sociaalpsychologen nemen hun toevlucht tot dergelijke demonstraties in de vorm van experimenten, omdat echt belangrijke kwesties uit het dagelijks leven – geweld, trauma's en andere misère – zich veel lastiger laten onderzoeken en veel meer tijd kosten dan experimenten. Tegelijkertijd is het experimenteel onderzoeken van geweld en trauma om ethische redenen problematisch – nu in ieder geval meer dan ten tijde van de experimenten van Milgram en Zimbardo. Voor de experimentele sociale psychologie zijn de echte situaties van het dagelijks leven dus te ingewikkeld om te onderzoeken, wat haar sinds de jaren zestig het onderhuidse en soms expliciete verwijt van kunstmatigheid en gebrek aan relevantie opleverde.

Een belangrijk, fundamenteel probleem van de sociale psychologie is dat haar objecten, de proefpersonen, kennis hebben over sociale processen en dus niet naïef zijn zoals proefdieren of elektronen dat zijn. Proefpersonen in sociaalpsychologische experimenten moeten dus misleid worden met betrekking tot het eigenlijke doel van het onderzoek. Afgezien van de vraag of dit ethisch toelaatbaar is, moet men zich ook afvragen of psychologen er wel echt in slagen hun proefpersonen te bedriegen. En wat is het effect op de onderzoekers zelf? Als jonge sociaalpsychologen getraind worden om mensen te misleiden, wordt dan niet een gewoonte gevormd die zich kan uitbreiden naar andere situaties?

Sommige commentatoren beschouwden het bedrog van Stapel als een experiment. Hij *primede* zijn collega's door met resultaten te komen die te mooi waren om waar te zijn. Het moest dus wel om een bekwame, zelfs geniale onderzoeker gaan. Het eigenlijke experiment was: hoe ver kun je gaan voordat je ontdekt wordt? Ver, zo bleek toen hij erin slaagde een artikel over een volledig verzonnen onderzoek te laten doordringen in de kolommen van *Science,* en daarbij zelfs zijn coauteur, een gerenommeerde hoogleraar in de sociologie, voor de gek te houden. Een beslissende factor in Stapels succes als bedrieger was dus de naadloze aansluiting die hij wist te realiseren met trends in de sociaalpsychologische literatuur.

De fraude was ernstig voor zijn coauteurs, in het bijzonder voor de aio's die van hem afhankelijk waren, maar de schade die ze aan de sociale psychologie als vakgebied heeft toegebracht is moeilijk te bepalen. Stapel heeft vooral *reputatieschade* toegebracht aan zijn vak, maar hij heeft geen koerswendingen of vernieuwingen teweeggebracht waardoor nu, na zijn ontmaskering, delen van de sociale psychologie bij het grofvuil moeten worden gezet. Zijn naam komt in handboeken sociale psychologie niet of nauwelijks voor. De Engelse sociaalpsycholoog Miles Hewstone, bezig met een nieuwe editie van een handboek sociale psychologie, vond in de vijftien hoofdstukken uit de eerdere editie geen verwijzingen naar Stapels werk. Het lijkt er dus op dat Stapels bevindingen uit de sociale psychologie kunnen worden verwijderd zonder dat het bouwwerk aan het wankelen wordt gebracht.

Is de sociale psychologie extra kwetsbaar voor bedrog? De vele boeken en artikelen over fraude wijzen daar niet op: de meest geruchtmakende fraudegevallen stammen van oudsher uit de natuurwetenschappen en de geneeskunde. In de publieke opinie wordt echter opvallend anders gereageerd: de affaire-Stapel wordt gezien als symbolisch voor de manco's van een 'vaag' en onwetenschappelijk vakgebied, terwijl de publieke reputatie van de medische wetenschap als gevolg van het bedrog van bijvoorbeeld de Rotterdamse vaatchirurg Poldermans niet of althans minder geschaad lijkt.

Roos Vonk had daar in haar oratie wel een verklaring voor: 'Het vervelende van ons vak is dat iedereen er verstand van heeft (of denkt te hebben). Iedereen kan erover meepraten. Als je vanuit je expertise de uitspraken van leken in twijfel trekt [...] zie je de ander vaak denken: "Goed hoor, maar bij mij werkt dat toch anders." [...] De individuele ervaringen van de toehoorder lijken altijd oneindig veel geloofwaardiger en betekenisvoller te zijn dan de statistische gegevens van honderden, soms duizenden andere mensen. Vertel je daarentegen onderzoeksresultaten die de bestaande opvattingen ondersteunen, dan is de reactie meestal: "Dat wisten we toch al lang?" [...] Je hebt als wetenschapper in ons vakgebied geen enkel gezag. Ofwel het is niet waar, ofwel ze wisten het al.'[4]

De denigrerende houding van buitenstaanders ten opzichte van de sociale wetenschappen heeft een lange geschiedenis. Meer dan een halve eeuw geleden schreef de dichter W.H. Auden al: 'Thou shalt not sit with statisticians nor commit a social science.'[5] En sinds Jan Blokker is het voor columnisten een automatisme om de spot te drijven met de sociale wetenschappen: de inhoud wordt triviaal gevonden en het taalgebruik vreselijk. Aan dat laatste valt natuurlijk best iets te doen, maar dan doet men er goed aan zinnen als de volgende te vermijden: 'Misschien worden evaluatieve oordelen eerder en gemakkelijker beïnvloed door geactiveerde informatie dan descriptieve oordelen, zelfs als de match congruent is.'[6]

Publicatiecultuur

De belangrijkste les van de affaire-Stapel betreft echter niet de lotgevallen van de sociale psychologie. Wanneer we de commissie-Levelt volgen in haar conclusie dat fraude vergemakkelijkt kan worden door een onkritische onderzoeksomgeving en daaraan de observatie verbinden dat een onkritische onderzoeksomgeving bevorderd wordt door een belonings- en bevorderingscultuur die zich op uiterlijkheden baseert en zich verlaat op citatieanalyses die qualitate qua afzien van inhoud en context, dan is het zaak een kritische blik te werpen op de manier waarop universiteiten tegenwoordig functioneren.

Vroeger, toen universiteiten in de eerste plaats *onderwijs*-instellingen waren, hing de reputatie van een hoogleraar in de eerste plaats af van zijn kwaliteiten als docent en van zijn eruditie. Daarnaast kon een hoogleraar zijn prestige vergroten door zich maatschappelijk te manifesteren als deskundige, als visionair of als beide. Dat is in snel tempo veranderd. Te beginnen met de bètawetenschappen is gedurende de naoorlogse periode de nadruk in toenemende mate komen te liggen op de kwaliteiten als *onderzoeker*. Met de groei van de universiteiten heeft bovendien de overheid steeds meer greep willen krijgen op het hoger onderwijs, waarbij onder andere de financiering steeds meer afhankelijk werd gemaakt van wetenschappelijke kwaliteit, vastgesteld op grond van publicatiescores.

De autonomie van zowel de universiteiten als de uiteenlopende vakgebieden om zelf kwaliteitscriteria te formuleren en te hanteren werd vanaf de jaren tachtig ondermijnd door intermediaire organisaties als NWO en de VSNU. De consequentie van dit alles was dat de competitiedruk tussen onderzoeksgroepen werd opgevoerd én dat de kwaliteitsbeoordeling in de sociale wetenschappen en de geesteswetenschappen steeds meer werd genormeerd naar het voorbeeld van de bètawetenschappen. Daarnaast raakten de universiteiten steeds meer in de ban van het businessmodel, waardoor het voor onderzoekers ook aanbeveling verdiende zich te etaleren in de massamedia.

Dit alles heeft geleid tot het ontstaan van een bedrijfscultuur waarin onderzoekers ertoe worden aangezet om zo veel mogelijk te scoren – en aankomende onderzoekers leren dit spelenderwijs. Het uitgangspunt van deze cultuur is: er moet *veel* gepubliceerd worden. Dit wordt ondersteund door de slagwoorden die veel universiteitsbestuurders in de mond bestorven liggen: het streven naar excellentie, de competitie met andere universiteiten en wetenschap als topsport. In feite is er een verschuiving in de doelen van wetenschap opgetreden: van verwerving en communicatie van kennis naar het realiseren van publicaties. In een interview bij zijn emeritaat in 2006 belichtte Levelt het op dit punt cruciale verschil met het Max Planck Instituut waarvan hij directeur was: 'De Max Planck-formule is dat je met zijn allen werkt aan een grote legpuzzel. [...] Elke promovendus werkt drie jaar aan een stukje ervan. De volgende die aantreedt, kan bouwen op de basis die de vorige heeft gelegd. Zo'n structuur hebben de normale universiteiten helaas niet. Er is daar geen hoogleraar die dertig jaar ruimte en geld krijgt om te bouwen aan zo'n puzzel. Die ruimte heeft het MPI mij wel gegund.'[7]

De wetenschappelijke publicatie is een munteenheid geworden, en er is geldontwaarding opgetreden. Het is tijd om de oude standaard te herstellen. Maar dat stuit op machtsbarrières. Zoals iedere institutie tracht dit systeem zichzelf in stand te houden. Voor uitbreiding en opvolging worden wetenschappers gekozen die in het eigen patroon en bij de eigen cultuur passen. Wie zich hier niet in thuis voelt, gaat weg: letterlijk of mentaal. Een veelbelovende onderzoeker uit de groep van Stapel verliet na zijn promotie de wetenschap omdat het klimaat gedomineerd werd door de vraag: 'Wat scoort makkelijk, hoe krijg ik veel artikelen?'[8] De sociale psychologie had het aanzicht gekregen van lopendebandwerk: veel feitjes vinden en die zo snel mogelijk publiceren. Alles ging draaien om het aantal publicaties en citaties.

Remedies
Echte fraude is het werk van deviante enkelingen. Het levert de betreffende universiteit en het betreffende vakgebied schade op, maar die is te overzien: een enkele fraudeur kan de wetenschap wel verdragen. Erger is het wanneer wetenschappers zich

op massale schaal overgeven aan calculerend gedrag, wanneer intrinsieke motivatie voor het wetenschappelijk werk als gevolg van de werking van belonings- en bevorderingssystemen plaatsmaakt voor extrinsieke motivatie. Stapel heeft zelf nota bene meermalen op de gevaren van deze ontwikkeling gewezen, evenwel zonder de juiste conclusie te trekken. In feite gaf hij zich op twee niveaus over aan een in zichzelf besloten wereld.

De eerste was die van de experimentele sociale psychologie, waarin men de werkelijkheid buiten het laboratorium, de werkelijkheid van alledag, als te weerbarstig en te ingewikkeld zag om haar rechtstreeks te onderzoeken. De experimentele werkelijkheid maakt dat de sociaalpsycholoog kan onderzoeken wat hij wil en op de manier die hij wil. Er is in deze wereld een oneindige hoeveelheid variaties mogelijk en een dwingende relatie met de gewone wereld is er niet. De muren rondom het vakgebied zijn hoog en stevig, en daardoor kan de sociale psychologie het zich permitteren om, met een term van Donald Campbell, etnocentristisch te zijn. Het ontwerpen van de experimenten vraagt creativiteit en fantasie. Een teveel aan fantasie in combinatie met een gebrek aan werkelijkheidszin kan dan tot fatale gevolgen leiden.

De tweede in zichzelf besloten wereld is die van de boekhouders van de academische wereld, degenen die de publicaties en citaties tellen. Ze moeten wel, want ze zijn niet bij machte de inhoud van het gepubliceerde te beoordelen. Vakgenoten zijn dat wel, maar ook die laten zich in toenemende mate leiden door calculaties. Hebben zij wél een keuze? In theorie wel, maar in de praktijk zijn zij voor hun overleven, en meer nog voor hun carrière, afhankelijk van de calculaties die de boekhouders maken en van hun eigen berekening: wie geld voor nieuw onderzoek wil binnenhalen, moet niet alleen mooie bewijzen van *past performance* kunnen overhandigen, maar moet ook weten welk type onderzoek hoge ogen gooit bij geldschieters. Dat hoeft niet noodzakelijk samen te vallen met wat werkelijk belangrijk is. Toegegeven, dat laatste is niet gemakkelijk te bepalen, maar kennis van de geschiedenis van het vakgebied en een open oog voor de werkelijkheid buiten de wetenschap kunnen hier behulpzaam zijn.

Wanneer het laboratoriumexperiment gezien wordt als een legitiem middel om zich van de gewone, complexe werkelijkheid los te maken en het bovendien kan worden ingezet om in eigen kring de gewenste *credit points* binnen te halen, ligt het gevaar van vervreemding op de loer. Ik ken weinig wetenschappers die oprecht enthousiast zijn over het moeten volgen van productienormen; eigenlijk waren ze om inhoudelijke redenen de wetenschap ingegaan. Hun ambivalentie leidt vaak tot cynisme – bij de koffie of de borrel – of tot een *escape*: weg uit de wetenschap, of naast de wetenschap iets spannenders zoals een eigen bedrijfje in coaching en advisering. Misschien is fraude wel de opperste vorm van cynisme.

Het systeem van beoordeling op basis van uitwendige criteria, van voortdurende afrekening, bevordert calculerend gedrag, inclusief het afsnijden van bochtjes in het onderzoeks- en publicatieproces. Wanneer je mensen beloont voor slodderwetenschap, moet je niet verbaasd zijn als de hoeveelheid slodderwetenschap groeit. Sommige remedies die naar aanleiding van de affaire-Stapel zijn geopperd – meer replicaties, meer publicatie van nulresultaten en ruwe data – leiden misschien tot minder slodderwetenschap, maar vergroten bij ongewijzigd beleid wel het aantal publicaties en daarmee de onoverzichtelijkheid van de wetenschap.

Er blijven per saldo maar twee remedies over om de wildgroei en slodderwetenschap tegen te gaan. Ten eerste zouden universitaire autoriteiten moeten aandringen op minder publiceren. Het voorschrijven van een minimumaantal publicaties per wetenschapper is op academische gronden nauwelijks te verdedigen, maar als men dit toch doet, schrijf dan ook een maximumaantal voor.[9] Waarom niet? Het kan de kwaliteit en diepgang van de wél gerealiseerde publicaties alleen maar vergroten en het vermindert het risico op een totale verstopping van het wetenschappelijk communicatiesysteem. De tweede remedie ligt in het verlengde hiervan: geef de kritische functie die van oudsher aan wetenschap is verbonden ook intern weer de ruimte. Zet mensen niet op een voetstuk omdat zij veel publiceren of veel geld binnenhalen. Een van de oorzaken dat Stapel zo lang zijn gang kon gaan, was het *halo-effect*, het image van de 'golden boy', dat echter – ook naar zijn eigen zeggen – niet werd geschraagd door inhoudelijke diepgang of originele theoretische bijdragen. Het belangrijkste is dat wetenschappers weer naar hun eigen normen gaan leven en niet naar die van het businessmodel dat nu de universiteiten in zijn greep heeft. Het is wellicht een vrome wens, maar het is het enige wat erop zit. Zowel de wetenschap als de wetenschappers zelf worden er beter van.

Verder lezen

Het onderstaande is slechts een kleine selectie uit de veelheid aan literatuur over de genoemde onderwerpen. Ik heb me hier beperkt tot boekpublicaties. De volledige publicatiegegevens staan in de literatuurlijst.

Fraude

Sinds de jaren tachtig is veel geschreven over fraude in de wetenschap. Een geruchtmakend boek was *Betrayers of the truth* (1982) van de wetenschapsjournalisten William Broad and Nicholas Wade. Het boek vormde de inspiratiebron voor de Nederlandse wetenschapsjournalist Frank van Kolfschooten om een reeks Nederlandse fraudegevallen te beschrijven (*Valse vooruitgang* 1993, herziene editie 1996). In 2012 verscheen een grondig geactualiseerde en aangevulde versie van dit boek, onder de titel *Ontspoorde wetenschap.*

Diepteanalyses van fraudegevallen zijn te vinden in *The great betrayal* (2004) van Horace Judson en in *On fact and fraud* (2010) van David Goodstein, die jarenlang vertrouwenspersoon en docent wetenschappelijke integriteit was aan het California Institute of Technology. In beide boeken wordt uitgebreid ingegaan op de dunne en variabele scheidslijn tussen dubieuze onderzoekspraktijken *(questionable research practices)* en datavervalsing en -fabricatie.

Specifiek over plagiaat bij studenten gaat *My word! Plagiarism and college culture* (2009) van Susan Blum.

Wetenschappelijke fraude is ook een geliefd thema in fictie. In *Intuition* (2006) beschrijft Allegra Goodman van binnen uit een geval van gegevensfabricering in kankeronderzoek.

Sociale psychologie

Kritische analyses van de ontwikkeling van de experimentele sociale psychologie zijn Augustine Brannigan (2004) *The rise and fall of social psychology,* dat vooral gaat over 'het gebruik en misbruik van de experimentele methode', John Greenwood (2004) *The disappearance of the social in American social psychology,* en Serge Moscovici en Ivana Marková (2006) *The making of modern social psychology,* dat voor een groot deel gewijd is aan de dominantie van de Amerikaanse sociale psychologie op wereldschaal. Zie voor de bredere context van ontwikkelingen in de sociale wetenschappen *Over de grenzen van disciplines. Plaatsbepaling van de sociale wetenschappen* (2011) van Ruud Abma.

Gedetailleerde weergaven van toonaangevende stromingen en theorieën in de (experimentele) sociale psychologie zijn te vinden in het tweedelige *Handbook of theories of social psychology* (2012), onder redactie van Paul van Lange, Arie Kruglanski en Tory Higgins, en in het *Handbook of the history of social psychology* (2012), onder redactie van Arie Kruglanski en Wolfgang Stroebe.

Illustratief voor de praktijk (en de teleurstellingen) van sociaalpsychologisch onderzoek is *Most underappreciated* (2011) onder redactie van Robert Arkin, waarin zo'n 50 sociaalpsychologen (onder wie Walter Mischel, Philip Zimbardo, Albert Bandura, Roy Baumeister en Icek Ajzen) openhartig schrijven over de grootste publicatieflop uit hun carrière.

Een fraaie theoretische synthese van recent sociaalpsychologisch onderzoek is te vinden in *Thinking fast and slow* (2011) van Nobelprijswinnaar Daniel Kahneman. In *De vrije wil is geen illusie* (2012) geeft Herman Kolk vanuit de psychologische functieleer een kritische beschouwing over onder andere het primingonderzoek in de sociale psychologie. Illustratief voor de denkwijze van de experimentele sociale psychologie is de bestseller *Het slimme onbewuste* (2007) van Ap Dijksterhuis.

Academische cultuur

Over het hedendaagse wetenschapsbedrijf verschenen de afgelopen decennia met grote regelmaat boekpublicaties. Ik licht er enkele recente uit die inzicht geven in de relatie tussen academische cultuur en individuele ontsporingen.

How professors think (2009) van Michèle Lamont heeft betrekking op peer review en kwaliteitsbeoordelingen in verschillende wetenschappen. De antropoloog Jonathan Marks werpt in *Why I am not a scientist* (2009) een antropologische blik op de moderne wetenschap, inclusief een scherpzinnig hoofdstuk over 'scientific misconduct'.

The commodification of academic research (2010), onder redactie van Hans Radder, gaat over de relatie tussen wetenschap en bedrijfsleven en de effecten daarvan op de wetenschapsbeoefening. Speelse essays over al deze thema's zijn te vinden in *Wetenschap 3.0* (2010) van de Utrechtse immunoloog en decaan geneeskunde Frank Miedema.

Over de soms moeizame relatie tussen wetenschap, publiek en politiek gaat *Onzekerheid troef* (2011) een bundel artikelen onder redactie van Huub Dijstelbloem en Rob Hagendijk.

Noten

1 Ontmaskering

1 Roos Vonk, 't Is rot, maar vlees is zo lekker, *de Volkskrant* 28 aug. 2010.
2 Evelien van Veen, De valkuilen van Vonk, *Volkskrant Magazine* 19 jan. 2013, 13-18.
3 Citaten hier en hieronder ontleend aan Diederik Stapel (2012) *Ontsporing.* Amsterdam: Prometheus, 31-34.
4 Idem, 194.
5 Idem, 16-17.
6 Peter Giesen, Media vallen voor 'leuk berichtje', *de Volkskrant* 9 sept. 2011.
7 Stapel, a.w., 199-102.
8 Sarah Venema, Tilburg betrapt hoogleraar op fraude, *de Volkskrant* 8 sept. 2011.
9 Carola Houtekamer, Fuck you is mijn natuurlijke neiging. Dagboek 2012, NRC *Handelsblad* 22 dec. 2012.
10 Van Veen, a.w.
11 Venema, a.w.
12 Tomas Vanheste, Onder psychologen, *Vrij Nederland* 17 sept. 2011, 10-11.
13 Van Veen, a.w.
14 Houtekamer, a.w.
15 Vanheste, a.w.; Stapel, a.w., 16-17.
16 Vanheste, a.w.
17 Zie Commissie-Levelt (2012) *Falende wetenschap. De frauduleuze onderzoekspraktijken van sociaal-psycholoog Diederik Stapel.* Universiteit van Tilburg, 7-9.
18 Iris Dijkstra, Een student weet meer van onderzoek dan professor Vonk, *de Volkskrant* 15 sept. 2011.
19 Vanheste, a.w.
20 Jan van Rongen, Vonk en Zeelenberg ontlopen de discussie, NRC *Handelsblad* 9 dec. 2011.
21 Vanheste, a.w.
22 Idem.
23 Houtekamer, a.w.
24 Commissie-Levelt, *Interim-rapportage inzake door prof. dr. D.A. Stapel gemaakte inbreuk op wetenschappelijke integriteit.* Tilburg, 31 oktober 2011.
25 Aanbiedingstoespraak Levelt 31 okt. 2011, website Universiteit van Tilburg.
26 Reactie van de heer Stapel op concept interim-rapport, 28 okt. 2011, in: Commissie-Levelt, *Interim-rapportage,* 25.
27 Stapel, a.w., 240-243.
28 Zie Commissie-Levelt, *Interim-rapportage,* 9-13, citaten op p. 10, 12, 13, 15.
29 Stapel, a.w., 233, 244, 271.
30 Stapel, a.w., 227-228.
31 Maarten Keulemans, Te mooi om waar te zijn, *de Volkskrant* 21 jan. 2012.
32 Maurits Martijn & Tomas Vanheste, Meeliften met de meesterbedrieger. Het web rond Diederik Stapel, *Vrij Nederland* 17 dec. 2011, 62.

2 Fraude

1 Commissie-Levelt, *Falende wetenschap,* 17-19.
2 Stapel, a.w., 143.

3 Stapel, a.w., 143-144.
4 Stapel, a.w., 172-173; vergelijkbare citaten op 211 en 256.
5 Zie Stapel, a.w., 160 e.v. en 28-31.
6 Stapel, a.w., 160.
7 Commissie-Levelt, *Falende wetenschap*, 44.
8 Karel Berkhout & Bart Funnekotter, Wie met Stapel werkte, voelt zich nu bedrogen, NRC *Handelsblad* 2 nov. 2011.
9 Ellen de Bruin, Geluk is wandelen op het strand – of niet?, NRC *Handelsblad Wetenschap* 21 juli 2012, 20-21.
10 Hans van Maanen (2002) *Echte mannen willen niet naar Mars. Rafelranden van de wetenschap.* Amsterdam: Prometheus (citaat op p. 70).
11 Het nu volgende is gebaseerd op Commissie-Levelt, *Falende wetenschap*, 43-46.
12 Idem, 16.
13 Idem, 32.
14 Stapel, a.w., 165.
15 Zie http://www.sociale-psychologie.nl/publicaties-diederik-stapel/
16 Stapel, a.w., 167.
17 Commissie-Levelt, *Falende wetenschap*, 20-21.
18 Stapel, a.w., 241-242.
19 Martijn en Vanheste, a.w., 65.
20 Stapel, a.w., 173.
21 Commissie-Levelt, *Falende wetenschap*, 44.
22 Stapel, a.w., 211.
23 Het relaas en de citaten in deze en de volgende alinea zijn te vinden in Stapel, a.w., 141-144.
24 Zie Maarten Keulemans, De serieleugenaars, *de Volkskrant* 5 nov. 2011; zie ook W. Stroebe, T. Postmes & R. Spears (2012) Scientific misconduct and the myth of self-correction in science, *Perspectives on psychological science, 7,* 670-688.
25 *Vox Magazine,* jrg 5, dec. 2011.
26 Frank van Kolfschooten (2012) *Ontspoorde wetenschap. Over fraude, plagiaat en academische mores.* Amsterdam: De Kring, 17.
27 Zie ook A. Komter (2012) Laakbare wetenschap. Over alledaagse verleidingen en normoverschrijding in de wetenschap, *Mens en maatschappij*, 87 (4), 415-436; J. Wicherts & C.L.S. Veldkamp (2013) De vijftig tinten grijs van wetenschappelijke integriteit, *De Psycholoog,* 48 (5) 36-41.
28 Daniele Fanelli (2009) How many scientists fabricate and falsify research? A systematic review and meta-analysis of survey data, *PLoS One,* 4 (5), e5738. doi:10.1371%2Fjournal.pone.000
29 David Goodstein (2010) *On fact and fraud. Cautionary tales from the front lines of science.* Princeton: Princeton University Press, 3-4.

3 Slodderwetenschap

1 Jos Jaspars (1934-1985) was een befaamde Nederlandse hoogleraar sociale psychologie, verbonden aan de universiteiten van Leiden, Nijmegen en Oxford.
2 D.A. Stapel (2000) Moving from fads and fashions to integration: Illustrations from knowledge accessibility research, *European Bulletin of Social Psychology, 12,* 4-27. De bovenstaande citaten staan op 6-7.
3 Commissie-Levelt, *Falende wetenschap,* 48 e.v.

4   Idem, 47.
5   Idem, 54.
6   http://www.easp.eu/news/Statement%20EASP%20on%20Levelt_December_%202012.pdf
7   P. Drenth, W. Levelt & E. Noort, Letter about 'Flawed science', *The Psychologist, 26* (2) 81.
8   Zie https://dl.dropboxusercontent.com/u/204674/Summary_of_Results_SPSP_Survey.pdf
9   Commissie-Levelt, *Falende wetenschap,* 53.
10 Vincent Icke, Pakkans: honderd procent, NRC *Handelsblad* 23 nov. 2003.
11 Stapel, *Ontsporing,* 126.
12 Mieke Zijlmans, Stukje bij beetje de taal ontleed, *de Volkskrant,* 27 mei 2006.
13 Goodstein, a.w., 10-11.
14 Uri Simonsohn (2012) Just post it: the lesson from two cases of fabricated data detected by statistics alone. Beschikbaar via: http://dx.doi.org/10.2139/ssrn.2114571.
15 Ed Yong, Primed by expectations – why a classic psychology experiment isn't what it seemed, *Discover,* 18 jan. 2012; Ed Yong, A failed replication draws a scathing personal attack from a psychology professor, *Discover,* 10 maart 2012; Ed Yong, Bad copy. In the wake of high profile controversies, psychologists are facing up to problems with replication, *Nature,* 485, 17 mei 2012, 298-300.
16 Karel Berkhout, Reddingsboei van madeliefjes, NRC *Handelsblad* 1 december 2012.
17 Yong, Bad copy, 299.
18 Stapel, *Ontsporing,* 103.
19 H.M. Collins (1992) *Changing order: replication and induction in scientific practice.* Chicago: University of Chicago Press.
20 Asha ten Broeke, Lees 'bejaard', en u gaat sloffen, *de Volkskrant* 13 okt. 2012.
21 Idem.
22 L.K. John, G. Loewenstein & D. Prelec (2012) Measuring the prevalence of questionable research practices with incentives for truth-telling, *Psychological Science,* 23, 524-532 (citaat op 525).
23 Simmons, J.P., L.D. Nelson & U. Simonsohn (2011) False-positive psychology. Undisclosed flexibility in data collection and analysis allows presenting anything as significant, *Psychological Science,* 22 (11), 1359-1366.
24 Masicampo, E.J. & D.R. Lalande (2012) A peculiar prevalence of p values just below .05, *Quarterly Journal of Experimental Psychology,* 65 (11), 2271-2279.
25 Fanelli, D. (2010) 'Positive' results increase down the hierarchy of the sciences. *PLoS One,* 5 (4), doi:10.1371/journal.pone.0010068.

4 Leerschool Amsterdam

1   http://www.rlo.nl/content/rlo-prijzen
2   Stapel, *Ontsporing,* 45-46.
3   Zie 'Diederik Stapel het onderbroekenmodel', http://www.soggen.nl/?p=1869
4   Stapel, a.w., zie ook 76 e.v.
5   Idem, 81.
6   http://www.soggen.nl/?p=1869
7   Idem.
8   Stapel, a.w., 83.

9 Idem, 95.

10 P.J. van Strien (1997) The American 'colonisation' of Northwest European social psychology after World War 11, *Journal of the History of the Behavioral Sciences* 33 (4), 349-363.

11 Vittorio Busato (2008) *Leve de psychologie! Honderd jaar psychologische wetenschap aan de UvA.* Amsterdam: Bert Bakker, 245.

12 Zie voor deze episode Stapel, *Ontsporing*, 111-119.

13 Idem, 111.

14 Busato, a.w., 248.

15 Stapel haalt deze naam weer uit de mottenballen als hij zich in maart 2013 als consultant inschrijft bij de Kamer van Koophandel.

16 *KU Nieuws,* nov. 1996.

17 Stapel, a.w., 141.

18 Commissie-Levelt, *Falende wetenschap,* 39.

19 Diederik Stapel (2001) Wat je ziet ben je zelf. In: D.A. Stapel & J. van der Pligt (red.) *Een tijd van Koomen. Ontwikkelingen in de Amsterdamse Sociale Psychologie.* Amsterdam: Amsterdam University Press, 171-193 (citaat op 171).

20 Busato, a.w., 249.

21 Citaten uit Martijn & Vanheste, Meeliften met de meesterbedrieger, *Vrij Nederland* 17 dec. 2011, 63.

22 Ellen de Bruin, Als Diederik binnenkwam, dan keek iedereen naar hem, *NRC Handelsblad* 1 nov. 2011.

23 Commissie-Levelt, Falende wetenschap, a.w., 31.

24 Martijn & Vanheste, a.w., 63.

25 Vittorio Busato, 'Wetenschap bedrijven is een kwestie van vertrouwen. Interview met Wim Koomen, *Mind Open,* augustus 2012, 17.

26 Commissie-Levelt, *Falende wetenschap,* 101-102.

27 D.A. Stapel, W. Koomen & R. Spears (1999) Framed and misfortuned. Identity salience and the whiff of scandal, *European Journal of Social Psychology,* 29 (2-3), 397-402.

5 Scoren in Groningen

1 De volgende citaten zijn afkomstig uit Diederik Stapel (2001) De koningin is aan zet: Waarom de alledaagse precisie van de sociale psychologie haar majesteitelijk maakt, *Nederlands Tijdschrift voor de Psychologie,* 56 (6), 284-292.

2 Dit citaat en die in de volgende alinea's in deze paragraaf staan in Stapel, *Ontsporing,* 155-157.

3 Uitspraak Bram Buunk in *De wereld draait door,* 28 nov. 2012.

4 Martijn & Vanheste, a.w., 62.

5 Uitspraak Bram Buunk in *Pauw & Witteman,* 30 nov. 2012.

6 Commissie-Levelt, *Falende wetenschap,* 41 e.v.

7 Uitspraak Karlijn Massar in tv-programma *Profiel – De verzoeking,* 30 sept. 2012.

8 Aldus Buunk in Martijn & Vanheste, a.w., 63.

9 Het volgende is gebaseerd op Commissie-Levelt, *Falende wetenschap,* 41-43 (citaat op p.42).

10 Stapel, a.w., 211-212.

11 Idem, 170.

12 Idem, 158.

13 Martijn & Vanheste, a.w., 62; zie ook Commissie-Levelt, *Falende wetenschap,* 42-43.
14 Stapel, a.w., 238-239.
15 Martijn & Vanheste, a.w., 65.
16 *Groningse Universiteitskrant* 10 mei 2012.
17 *UT Nieuws* 6 dec. 2012.
18 Martijn & Vanheste, a.w., 63.
19 Commissie-Levelt, *Falende wetenschap,* 40.

6 Over de Tiber

1 De citaten in deze en de volgende paragraaf zijn afkomstig uit Stapel (2008) *Op zoek naar de ziel van de economie,* Oratie Universiteit van Tilburg, 6 juni 2008.
2 Bornewasser (1978) *Katholieke Hogeschool Tilburg, Deel 1. 1927-1954.* Baarn: Ambo.
3 Geertje Kindermans (2008) De waarde van gevoel. Economisch psycholoog Diederik Stapel, *De Psycholoog* 43 (6), 355-357. De citaten in deze en de volgende alinea zijn uit dit interview afkomstig.
4 Stapel, *Op zoek naar de ziel van de economie,* 28.
5 Diederik Stapel, Seks verkoopt, *de Volkskrant* 9 juni 2010.
6 Commissie-Levelt, *Falende wetenschap,* 45-46.
7 Zie Van Kolfschooten (2012) *Ontspoorde wetenschap,* 99-102.
8 Stapel, *Ontsporing,* 31-32.
9 Deze en de volgende citaten zijn ontleend aan Stapel, *Op zoek naar de ziel van de economie,* 38-39.
10 Tv-programma *Profiel – De verzoeking,* 30 sept. 2012.
11 Dit interview is te beluisteren op http://soundcloud.com/universblog/interview-diederik-stapel-02-mp3
12 Stapel, *Ontsporing,* 180.

7 Publicatiedrang

1 Van Kolfschooten, a.w.. De gegevens en citaten in deze paragraaf zijn ontleend aan 115-120 uit dit boek.
2 Veel van de informatie over citatie-analyse heb ik ontleend aan de dissertatie van Paul Wouters (1999) *The citation culture.*
3 Zie R. Burrows (2012) Living with the h-index? Metric assemblages in the contemporary academy, *Sociological Review,* 60 (2), 355-372.
4 Maarten Keulemans, Het wetenschappelijke gewicht van Diederik Stapel? Gering, *de Volkskrant Wetenschap* 26 nov. 2011.
5 Barclay (1973) Death and rebirth in psychology, *Contemporary Psychology,* 333-334. (citaat op p. 334).
6 P.A. Vroon (1993) Een schoorsteenbrand in de confettifabriek, *Nederlands Tijdschrift voor de Psychologie,* 48 (2), 81-82 (citaten op p.82).
7 Stapel, *Ontsporing,* 136.
8 Idem, 124-125.
9 Idem, 143.
10 Zie http://www.foliaweb.nl/foliavond/je-moet-laten-zien-dat-je-productiever-bent-dan-de-rest/
11 Zie Paul Wouters, Should science studies pay more attention to scientific fraud? http://citationculture.wordpress.com/2012/12/06/should-sciences-studies-pay-more-attention-to-scientific-fraud/
12 Stapel, a.w., 134.

13 Idem, 128.
14 J. Suls & R. Martin (2009) The air we breathe. A critical look at practices and alternatives in the peer-review process, *Perspectives on psychological science,* 4, 40-50.
15 Commissie-Levelt, *Falende wetenschap,* 54-55.
16 Idem, 51.
17 Wouters, *The citation culture,* 108.
18 Idem, 199 e.v.

8 Sociale psychologie als experiment

1 Zie bijvoorbeeld A. Mummendey (2012) Scientific misconduct in social psychology: Towards a currency reform in science, *European Bulletin of Social Psychology,* 24 (1), 4-7; J. van der Pligt (2013) Het jaar van Stapel, *De Psycholoog,* 48 (3), 28-33.
2 Gerben van Kleef, Sociale psychologie, juist nu, *Volkskrant* 12 sept. 2011.
3 Ellen de Bruin, NRC *Handelsblad* 28 juni 2012.
4 Quality Assurance Netherlands Universities (2012) *Research review psychology 2011.* Utrecht: QANU, 17.
5 Idem, 56-57.
6 Stapel, *Ontsporing,* 83.
7 Karel Berkhout, Nieuwsgierigheid als redding, NRC *Handelsblad* 5 nov. 2011.
8 F. Strack (2012) The Wow and How of research in social psychology: Causes and consequences, *European Bulletin of Social Psychology,* 24 (2), 4–8.
9 Pamela Paul, Flattery will get an ad nowhere, *New York Times* 10 dec. 2010.
10 Zie Ruud Abma (2011) *Over de grenzen van disciplines. Plaatsbepaling van de sociale wetenschappen.* Nijmegen: Vantilt, 151 e.v.
11 De volgende alinea's zijn gebaseerd op H. Stam, H. Radtke & I. Lubek (2000) Strains in experimental social psychology. A textual analysis of the development of experimentation in social psychology, *Journal of the History of the Behavioral Sciences* 36, 365–382.
12 A.D. de Groot (1991) Amsterdamse psychologie: vroeger en later, *Nederlands Tijdschrift voor de Psychologie,* 46 (6), 253-261 (citaat op 259).
13 Geciteerd door Stam e.a., a.w., 376.
14 Pieter Vroon (1982) *De hand op vandaag. Over het wetenschappelijk onderzoek in de Nederlandse psychologie.* Baarn: Ambo, 87.
15 Zie A. Rodrigues & R. Levine (Eds.) (1999) *Reflections on 100 years of experimental social psychology.* New York: Basic Books.
16 Geciteerd door Stam e.a., a.w., 378.
17 Tonie Mudde, Hogere besliskunde, *de Volkskrant* 10 maart 2012.
18 I. Marková (2012) 'Americanization' of European social psychology, *History of the Human Sciences,* 25, 108-116 (citaat op 114).
19 Roos Vonk (2002) De waarnemer waargenomen (oratie KU Nijmegen), *De Psycholoog,* 37 (11), 574-580 (citaten op 574-579).
20 Maartje Bakker, Prijsschieten met vragenlijsten, *de Volkskrant* 11 feb. 2012.
21 Malou van Hintum, In elk vakgebied gaat soms iets mis, *de Volkskrant* 26 nov. 2011.
22 Dit is echter niet alleen voor Nederland zo, zie S.O. Lilienfeld (2012) Public scepticism of psychology. Why many people perceive the study of human behavior as unscientific, *American psychologist,* 67 (2), 111-129.

9 Beterschap

1 Frank van Kolfschooten (1993) *Valse vooruitgang. Bedrog in de Nederlandse wetenschap.* Amsterdam: Pandora, 171-172.
2 Van Kolfschooten, *Ontspoorde wetenschap*, 276.
3 Commissie-Levelt, *Interim-rapportage*, 19.
4 Heleen van Luijn (2012) Toegankelijkheid van onderzoeksdata in de academische psychologie, *De Psycholoog*, 47 (3), 42-52.
5 KNAW (2012) *Zorgvuldig en integer omgaan met wetenschappelijke onderzoeksgegevens. Advies van de KNAW-commissie Onderzoeksgegevens.* Amsterdam: KNAW, 20-32.
6 Idem, 32 e.v.
7 Idem,75.
8 Zie hiervoor ook B. Martin (1992) Scientific fraud and the power structure of science, *Prometheus*, 10 (1), 83-98.
9 KNAW, a.w., 40.
10 Idem, 53.
11 Idem, 60 e.v.
12 Idem, 63.
13 Zie P. van Lange, A. Buunk, N. Ellemers & D. Wigboldus (2012) *Sharpening scientific policy after Stapel.* ASPO: Internal report; Carsten de Dreu (2012) Elkaar constructief de maat nemen, *De Psycholoog*, 47 (11) 34-37.
14 KNAW, a.w., 120.
15 Idem, 118.
16 Stroebe e.a., Scientific misconduct.
17 Ernst-Jan Hamel, De wetenschap is niet zelfreinigend, *DUB* 18 sept. 2012.
18 Commissie-Levelt, *Falende wetenschap*, 55.
19 Van Lange e.a., a.w.; zie ook het themanummer over repliceren van *Perspectives on psychological science*, november 2012.
20 Zie bijvoorbeeld D. Lakens, A. Haans & S. Koole (2012) Eén onderzoek is géén onderzoek. Het belang van replicaties voor de psychologische wetenschap, *De Psycholoog*, 47 (9), 10-18.
21 Jaap Murre (2013) Tijdschriften moeten geen papers accepteren, *De Psycholoog*, 48 (1) 38-42.
22 Strack, Wow and How, 5.
23 Frank Miedema, NRC *Handelsblad* 29 sept. 2012.
24 Iris Dijkstra, Onderzoekers moeten meer samenwerken, *Mind open*, aug. 2012, 5.
25 Karel Berkhout & Esther Rosenberg, Minder schrijven, meer lezen, NRC *Handelsblad* 22 sept. 2012.

10 De lessen van Stapel

1 H.F. Judson (2004) *The great betrayal. Fraud in science.* Orlando: Harcourt, 35.
2 Maarten Derksen (2011) Fraude. *De Psycholoog*, 46 (12), 34-38 (citaat op 38).
3 Stapel, *Ontsporing*, 119.
4 Vonk, De waarnemer waargenomen, 574.
5 Auden (1946) Under which lyre.
6 Stapel, a.w., 139, met enige zelfspot door Stapel opgeschreven.
7 Mieke Zijlmans, Stukje bij beetje de taal ontleed, *de Volkskrant* 27 mei 2006.
8 Maartje Bakker, Prijsschieten met vragenlijsten, *de Volkskrant* 11 feb. 2012.

9   Deze suggestie deed de Maastrichtse psychologe Anita Jansen al in 1993: 'Een ieder schrijft in vijf jaar *minimaal* drie en *maximaal* vijf internationale artikelen.' Zie Anita Jansen (1993) Publicatieterreur, *De Psycholoog*, 28 (1), 31.

Literatuur

Abma, R. (2011) *Over de grenzen van disciplines. Plaatsbepaling van de sociale wetenschappen,* Nijmegen: Vantilt.

Arkin, R.M. (2011) *Most underappreciated. 50 prominent social psychologists describe their most unloved work.* Oxford: Oxford University Press.

Barclay, A.M. (1973) Death and rebirth in psychology, *Contemporary Psychology,* 1973, 333-334.

Bornewasser, H. (1978) *Katholieke Hogeschool Tilburg, Deel 1. 1927-1954.* Baarn: Ambo.

Brannigan, A. (2004) *The rise and fall of social psychology. The use and misuse of the experimental method.* New York: Aldine de Gruyter.

Broad, W. J. & N. Wade (1982) *Betrayers of the truth. Fraud and deceit in the halls of science.* New York: Simon and Schuster.

Burrows, R. (2012) Living with the h-index? Metric assemblages in the contemporary academy, *Sociological Review,* 60 (2), 355-372.

Busato, V. (2008) *Leve de psychologie! Honderd jaar psychologische wetenschap aan de UvA.* Amsterdam: Bert Bakker.

Collins, H.M. (1992) *Changing order: replication and induction in scientific practice.* Chicago: University of Chicago Press.

Commissie-Levelt (2011) *Interim-rapportage inzake door prof. dr. D.A. Stapel gemaakte inbreuk op wetenschappelijke integriteit.* Tilburg: Universiteit van Tilburg.

Commissie-Levelt (2012) *Falende wetenschap. De frauduleuze onderzoekspraktijken van sociaal-psycholoog Diederik Stapel.* Tilburg: Universiteit van Tilburg.

Derksen, M. (2011) Fraude, *De Psycholoog,* 46 (12), 34-38.

Dijksterhuis, A. (2007) *Het slimme onbewuste. Denken met gevoel.* Amsterdam: Bert Bakker.

Dreu, C. de (2012) Elkaar constructief de maat nemen, *De Psycholoog,* 47 (11) 34-37.

Ellemers, N. (2013) Connecting the dots: Mobilizing theory to reveal the big picture in social psychology (and why we should do this), *European Journal of Social Psychology, 43* (1), 1-8.

Fanelli, D. (2009) How many scientists fabricate and falsify research? A systematic review and meta-analysis of survey data, *PLoS One,* 4(5), e5738. doi:10.1371%2Fjournal.pone.0005738

Fanelli, D. (2010) 'Positive' results increase down the hierarchy of the sciences, *PLoS One,* 5(4). doi:doi:10.1371/journal.pone.0010068

Goodstein, D. (2010) *On fact and fraud. Cautionary tales from the front lines of science.* Princeton: Princeton University Press.

Greenwood, J.D. (2004) *The disappearance of the social in American social psychology.* Cambridge: Cambridge University Press.

Groot, A.D. de (1991) Amsterdamse psychologie: vroeger en later, *Nederlands Tijdschrift voor de Psychologie*, 46 (6), 253-261.

Jansen, A. (1993) Publicatieterreur, *De Psycholoog*, 28 (1), 31.

John, L.K., G. Loewenstein & D. Prelec (2012) Measuring the prevalence of questionable research practices with incentives for truth-telling, *Psychological Science*, 23, 524-532.

Judson, H.F. (2004) *The great betrayal. Fraud in science.* Orlando: Harcourt.

Kahneman, D. (2011) *Thinking, fast and slow.* Londen: Allen Lane.

Kindermans, G. (2008) De waarde van gevoel. Economisch psycholoog Diederik Stapel, *De Psycholoog*, 43 (6), 355-357.

KNAW (2012) *Zorgvuldig en integer omgaan met wetenschappelijke onderzoeksgegevens. Advies van de* KNAW-*commissie Onderzoeksgegevens.* Amsterdam: KNAW.

Kolfschooten, F. van (1996³) *Valse vooruitgang. Bedrog in de Nederlandse wetenschap.* Amsterdam: Pandora.

Kolfschooten, F. van (2012) *Ontspoorde wetenschap. Over fraude, plagiaat en academische mores.* Amsterdam: De Kring.

Komter, A. (2012) Laakbare wetenschap. Over alledaagse verleidingen en normoverschrijding in de wetenschap, *Mens en maatschappij* 87 (4), 415-436.

Kruglanski, A.W. & W. Stroebe (Eds.) (2012) *Handbook of the history of social psychology.* New York: Psychology Press.

Lakens, D., A. Haans & S. Koole (2012) Eén onderzoek is géén onderzoek. Het belang van replicaties voor de psychologische wetenschap, *De Psycholoog*, 47 (9), 10-18.

Lamont, M. (2009) *How professors think. Inside the curious world of academic judgment.* Cambridge, MA: Harvard University Press.

Lange, P.A.M. van, A.W. Kruglanski & E.T. Higgins (Eds.) (2011) *Handbook of theories of social psychology, vol 1 & 2.* Sage: Thousand Oaks.

Lange, P.A.M. van, A.P. Buunk, N. Ellemers & D.H.J. Wigboldus (2012) *Sharpening scientific policy after Stapel.* ASPO: Internal report.

Lilienfeld, S.O. (2012) Public scepticism of psychology. Why many people perceive the study of human behavior as unscientific, *American Psychologist*, 67 (2), 111-129.

Luijn, H. van (2012) Toegankelijkheid van onderzoeksdata in de academische psychologie, *De Psycholoog*, 47 (3), 42-52.

Maanen, H. van (2002) *Echte mannen willen niet naar Mars. Rafelranden van de wetenschap.* Amsterdam: Prometheus.

Marková, I. (2012) 'Americanization' of European social psychology, *History of the Human Sciences*, 25, 108-116.

Marks, J. (2009) *Why am I not a scientist. Anthropology and modern knowledge.* Berkeley: University of California Press.

Martin, B. (1992) Scientific fraud and the power structure of science, *Prometheus*, 10 (1), 83-98.

Masicampo, E.J. & D.R. Lalande (2012) A peculiar prevalence of p values just below .05, *Quarterly Journal of Experimental Psychology*, 65 (11), 2271-2279.

Miedema, F. (2010) *Wetenschap 3.0. Van academisch naar postacademisch onderzoek.* Amsterdam: Amsterdam University Press.

Moscovici, S. & I. Marková (2006) *The making of modern social psychology: The hidden story of how an international social science was created.* Cambridge: Polity Press.

Mummendey, A. (2012) Scientific misconduct in social psychology: Towards a currency reform in science, *European Bulletin of Social Psychology,* 24 (1), 4-7.

Murre, J. (2013) Tijdschriften moeten geen papers accepteren, *De Psycholoog, 48* (1), 38-42.

Pligt, J. van der (2013) Het jaar van Stapel, *De Psycholoog,* 48 (3), 28-33.

Quality Assurance Netherlands Universities (2012), *Research review psychology 2011.* Utrecht: QANU.

Radder, H. (Ed.) (2010) *The commodification of academic research. Science and the modern university.* Pittsburgh: Pittsburgh University Press.

Rodrigues, A. & Levine, R. (Eds.) (1999) *Reflections on 100 years of experimental social psychology.* New York: Basic Books.

Simmons, J.P., L.D. Nelson & U. Simonsohn (2011) False-positive psychology. Undisclosed flexibility in data collection and analysis allows presenting anything as significant, *Psychological Science,* 22 (11), 1359-1366.

Simonsohn, U. (2013) Just post it: the lesson from two cases of fabricated data detected by statistiscs alone, http://dx.doi.org/10.2139/ssrn.2114571.

Stam, H., H. Radtke & I. Lubek, (2000) Strains in experimental social psychology. A textual analysis of the development of experimentation in social psychology, *Journal of the History of the Behavioral Sciences,* 36, 365-82.

Stapel, D.A. (2000). Moving from fads and fashions to integration: Illustrations from knowledge accessibility research. *European Bulletin of Social Psychology,* 12, 4-27.

Stapel, D.A. (2001) Wat je ziet ben je zelf. In: D.A. Stapel & J. van der Pligt (red.) *Een tijd van Koomen. Ontwikkelingen in de Amsterdamse sociale psychologie.* Amsterdam: Amsterdam University Press, 171-193.

Stapel, D.A. (2001) De koningin is aan zet: Waarom de alledaagse precisie van de sociale psychologie haar majesteitelijk maakt, *Nederlands Tijdschrift voor de Psychologie,* 56 (6), 284-292.

Stapel, D.A. (2008) *Op zoek naar de ziel van de economie. Over het werkwoord hebben en het werkwoord zijn.* Tilburg: Tilburg University Press.

Stapel, D.A. (2012) *Ontsporing.* Amsterdam: Prometheus.

Stapel, D.A., W. Koomen & R. Spears (1999) Framed and misfortuned. Identity salience and the whiff of scandal, *European Journal of Social Psychology, 29* (2-3), 397-402.

Stapel, D.A. & S. Lindenberg (2011) Coping with chaos. How disordered contexts promote stereotyping and discrimination, *Science,* 332 (6026), 251-253.

Strack, F. (2012) The Wow and How of research in social psychology: Causes and consequences. *European Bulletin of Social Psychology,* 24 (2), 4-8.

Strien, P.J. van (1997) The American 'colonisation' of Northwest European social psychology after World War II, *Journal of the History of the Behavioral Sciences,* 33 (4), 349-363.

Stroebe, W., T. Postmes & R. Spears (2012) Scientific misconduct and the myth of self-correction in science, *Perspectives on psychological science,* 7, 670-688.

Suls, J. & R. Martin (2009) The air we breathe. A critical look at practices and alternatives in the peer-review process. *Perspectives on psychological science,* 4, 40-50.

Vonk, R. (2002) De waarnemer waargenomen, *De Psycholoog, 37* (11) 574-580.

Vroon, P.A. (1982) *De hand op vandaag. Over het wetenschappelijk onderzoek in de Nederlandse psychologie.* Baarn: Ambo.

Vroon, P.A. (1993) Een schoorsteenbrand in de confettifabriek, *Nederlands Tijdschrift voor de Psychologie,* 48 (2), 81-82.

Weber, M. (2012) *Wetenschap als beroep.* Nijmegen: Vantilt.

Wicherts, J.M. & C.L.S. Veldkamp (2013) De vijftig tinten grijs van wetenschappelijke integriteit, *De Psycholoog,* 48 (5), 36-41.

Wielers, R. (2012) Wetenschap als roeping. Max Weber en de affaire Stapel, *Sociologie Magazine,* 20 (4), 26-28.

Wouters, P. (1999) *The citation culture* (Dissertatie Universiteit van Amsterdam). http://garfield.library.upenn.edu/wouters/wouters.pdf

Verantwoording

Sjef van de Wiel bracht mij op het idee om de affaire-Stapel te gebruiken voor het illustreren van enkele centrale stellingen uit mijn meer academisch getoonzette boek *Over de grenzen van disciplines* (2011). Het Fonds Bijzondere Journalistieke Projecten heeft het werk aan dit project financieel ondersteund.

De affaire-Stapel heeft een overmaat aan journalistiek materiaal gegenereerd. Het beste daarvan heb ik dankbaar benut voor de onderbouwing en stoffering van dit boek (zie de noten). Daarnaast hebben sociaalpsychologen, methodologen en wetenschapsonderzoekers vanaf september 2011 frequent over onderzoeks- en publicatiegewoontes in de sociale psychologie gepubliceerd. Hun inzichten hebben mij zeer geholpen om de context en betekenis van de affaire-Stapel te begrijpen. Het autobiografische *Ontsporing* van Stapel heb ik vooral gebruikt om zijn gedachten over de sociale psychologie en de academische cultuur te laten zien. *Last but not least*: de rapporten van de commissie-Levelt vormden een solide en rijke bron van informatie over de frauduleuze praktijken van Stapel en over de context waarin deze zich afspeelden.

Gedurende het afgelopen jaar heb ik vooral in de wandelgangen gesprekken gevoerd met (sociaal)psychologen en wetenschapsonderzoekers. Hun gedachten, observaties en emoties hebben een plaats gevonden in het weefsel van dit boek. Met enkelen heb ik gesprekken en/of e-mailcorrespondenties gevoerd die de couleur locale te boven gingen: Pim Levelt, Maarten Derksen, Agneta Fischer en Paul Wouters.

Conceptversies van dit boek zijn becommentarieerd door: Floris Cohen, Jaap van Ginneken, Ingrid Kloosterman, Sylvia Lammers, Jan Stassen, Bert Theunissen, Wilfried Uitterhoeve en Sjef van de Wiel. Ik heb hun opmerkingen naar vermogen verwerkt.

Alle genoemden dank ik zeer.

Namenregister

NB Namen die alleen in een opsomming of literatuurverwijzing voorkomen, zijn niet in dit register opgenomen.